ELUCIDAÇÕES DE UMBANDA
A Umbanda sob um olhar universalista

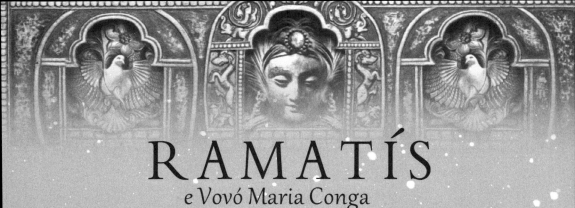

RAMATÍS
e Vovó Maria Conga

ELUCIDAÇÕES DE
UMBANDA
A Umbanda sob um olhar universalista

Norberto Peixoto

Capa e projeto gráfico: Marco Cena
Revisão: Sandro Andretta e Gaia Revisão Textual
Produção editorial: Jorge Meura e Maitê Cena
Assessoramento gráfico: André Luis Alt

Dados Internacionais de Catalogação na Publicação (CIP)

P379e Peixoto, Norberto
Elucidações de Umbanda: a Umbanda sob um olhar universalista. / Norberto Peixoto. – 4.ed. Porto Alegre: Legião Publicações, 2023.
204 p. ; 16 x 23 cm

ISBN: 978-85-5527-089-5

1. Religião. 2. Umbanda. 3. Obras psicografadas. I. Título.

CDU 299.6

Bibliotecária responsável Kátia Rosi Possobon CRB10/1782

Direitos de Publicação: © 2023 Edições BesouroBox Ltda.
Copyright © Norberto Peixoto, 2023

Todos os direitos desta edição reservados à
Edições BesouroBox Ltda.
Rua Brito Peixoto, 224 - CEP: 91030-400
Passo D'Areia - Porto Alegre - RS
Fone: (51) 3337.5620
www.legiaopublicacoes.com.br

Impresso no Brasil
Maio de 2023.

"Em virtude da Ancestralidade Divina existente no espírito humano, a Umbanda será novamente expressa e compreendida na sua elevada significação cósmica [...]."

"A Umbanda tem fundamento e, quando for conhecido todo o seu programa esquematizado no Espaço, seus próprios críticos verificarão a comprovação do velho aforismo de que 'Deus escreveu certo por linhas tortas'!"

Ramatís
(*A missão do espiritismo*,
capítulo "Espiritismo e Umbanda").

Sumário

Considerações do médium 9
Prefácio de Ramatís 11
Respostas a um ateu 15
Experimentação na matéria densa 38
Vida e clonagem 44
Criação e cosmogênese 56
Consciência cósmica 63
Plano divino de evolução 69
Fé científica 77
Congraçamento mediúnico 84
Umbanda e Apometria 92
Magia Aumbandhã 102

Oferendas e magismo da natureza 108

Orixás, corpos e chacras 115

Regência vibratória dos astros 123

Sobre mediunidade de cura 136

Irmãos de fé umbandista 137

Sete vibrações e manifestações mediúnicas 139

Breve elucidário umbandista
pelo espírito Vovó Maria Conga 151

Vivência crística e universalidade 187

Considerações do Médium

Sabedores de quão imperfeitos somos como canal de comunicação com o "lado de lá", só podemos agradecer do fundo da alma a oportunidade que estamos tendo de aprendizado, conscientes do grande apoio espiritual recebido e de que, sem esse auxílio "oculto", nada poderíamos realizar.

O capítulo "Breve elucidário umbandista", com o Espírito Vovó Maria Conga, foi um tanto dificultoso para escrever. Não pelas vibrações suaves e balsâmicas desta preta velha humilde e amorosa, mas, sim, por sua "inesperada" participação na psicografia – estamos habituados a atuar como instrumento dessa Entidade em outros trabalhos mediúnicos – e pela presença constante do pensamento de Ramatís, que em vários momentos da recepção intervinha para maiores esclarecimentos. Em muitas partes do texto, pareceu-nos que ambos os Espíritos "ditavam" ao mesmo tempo, prevalecendo, no entanto, o "estilo" de Ramatís, com o qual estamos mais familiarizados como escreventes.

Que os irmãos possam encontrar em *Elucidações de Umbanda* o mínimo de esclarecimento que lhes facilite a jornada evolutiva. Não almejamos outras pretensões, certos de nossa limitação em transportar a água límpida do Além, qual jarra de barro impuro que aloja o líquido do lago cristalino que saciará a sede de uma família, mas que ao chegar ao local destinado já foi adulterado por aquele receptáculo.

Um tríplice abraço fraterno aos companheiros de jornada e que o amor crístico universal esteja cada vez mais intenso em nossos corações.

Norberto Peixoto
Porto Alegre, 17 de fevereiro de 2002.

Prefácio de Ramatís

Irmãos, seguem os homens no seu cadinho evolutivo, desejando cada vez mais compreender a Espiritualidade em sua plenitude. Almejam, assim, satisfazer aos anseios que os arrebatam diante da finitude do frágil vaso carnal e da infinita vida do espírito imortal. A liberdade de manifestação e de opinião que existe nos dias de hoje não libera vocês das intolerâncias e das incompreensões, próprias das consciências que se perdem diante das muitas opções de exteriorização da fé e das crenças individuais. Isso causa, por vezes, desavenças e desilusões às almas dos simples e amorosos e satisfação ao ego dos avantajados em conhecimento, que julgam como única verdade a sua própria doutrina, religião ou filosofia.

Normalmente, após a libertação do corpo astral, quando se passou o período de refazimento e readaptação vibratória na nova dimensão, é que o espírito tem uma compreensão mais dilatada da real dinâmica do Além. Então, aquele que não se habituou a cultivar a virtude "amor ao próximo" em suas existências, deixando-se influenciar pelo ego, principalmente nas desigualdades de opinião, encontra dificuldades de galgar outra gradação na escala de ascese angélica a que todos estão destinados pela irrefutabilidade das leis reguladoras da vida. Ocorre que o homem tende a repetir muitas vezes a mesma cátedra, qual aluno teimoso que não gosta do tema da aula e fica com a vista turva diante de um horizonte muito amplo.

Relembramos alguns conceitos teosóficos e esotéricos mais relacionados com as filosofias orientalistas, precisamente o Budismo e o Hinduísmo, preparando o leitor para adentrar em temas diretamente relacionados com o Ocultismo umbandista, os quais, conforme compromisso assumido no Além, temos de apresentar: *Umbanda e Apometria*; *magia*; *oferendas junto à natureza*; *Orixás, corpos e chacras*; *regência vibratória dos astros*; *manifestações mediúnicas e as sete vibrações ou linhas*; *breve elucidário umbandista*, na forma de perguntas e respostas, no qual fazemos as perguntas e responde Vovó Maria Conga, que na Umbanda dos homens se apresenta como preta velha laboriosa, espírito de escol ao qual nos unimos por laços de afinidade desde eras que a nossa memória espiritual quase apaga.

É oportuno este trabalho com Vovó Maria Conga para que sirva de referência aos umbandistas sérios e estudiosos, propiciando aos espiritualistas de boa-fé, comprometidos com a união crística de todas as doutrinas da Terra e que se sentem atraídos por nossos singelos e despretensiosos escritos, maior "proximidade" com a Umbanda.

Antes de qualquer definição, podemos afirmar que a Umbanda é crística por essência, tendo no Jesus humano a representação do Cristo Cósmico e do amor que prepondera no Universo entre as criaturas. Termina o ciclo do movimento umbandista em solo brasileiro para angariar o máximo de simpatizantes e fiéis. É de senso comum aos espíritos do "lado de cá" que não houve movimento filosófico e religioso no orbe terrícola que, em tão curto espaço de tempo, juntasse esse número de fiéis, criando-se expressiva hoste.

Não pretendemos nada impor neste breve elucidário umbandista. Nosso engajamento é com a união amorosa entre os homens, não nos apegando a dogmas ou a quaisquer classificações da Terra. É próprio da índole que nos move o espírito não impor caminhos ou causar mal-estar aos mais ortodoxos em seus valores, mas nem sempre isso ocorre, pela sinceridade de propósitos com a qual expomos nossos pontos de vista. Nosso envolvimento é com o conhecimento universalista, crístico, que palpita no Cosmo, e com a expansão das consciências dos terrícolas. É irreversível a unificação dos homens em um único sentimento amoroso e o vivenciamento do Cristo Interno de cada centelha espiritual que se intensificará neste Terceiro Milênio.

A grandeza espiritual é adquirida na passagem do espírito por milhares de encarnações. É de bom alvitre vocês saberem que as diversas religiões vivificadas na crosta planetária é que propiciarão o discernimento e o despertamento para os verdadeiros valores da Espiritualidade, que são favorecidos por essas diferenças experienciadas na relação com o Divino.

A mudança de cátedra evolutiva do planeta Terra passa indubitavelmente pela moralidade dos terrícolas, que, infelizmente, está muito aquém da interiorização dos superiores ensinamentos morais contidos no Evangelho do Cristo, verdadeiro tratado cósmico de ascese espiritual. Código de conduta para todos os cidadãos, é consenso no "lado de cá", na Espiritualidade universalista, a sua aplicabilidade nos infinitos mundos habitados, situação que não se prende à denominação de credos, religiões, filosofias ou doutrinas praticadas nessa Terra dos homens, finitos, imperfeitos, que por seus atavismos milenares as tornaram semelhantes a si próprios: inevitavelmente sectárias e dogmáticas.

Palpita o amor cósmico, crístico, universal; e uma Grande Fraternidade, interplanetária, os auxilia neste momento existencial do orbe.

Ramatís
Porto Alegre, 28 de fevereiro de 2002.

Respostas a um ateu

Pergunta: Como definir Deus e por que há o convencimento de que existe um e não mais deuses?

Ramatís: Observem a obra da Criação: o que não for obra dos homens, é obra de uma Inteligência Superior, a qual chamam de Deus. Podem denominar de Divindade Suprema, Pai, Magnífico, Inteligência Maior, enfim, vários nomes para um mesmo Princípio Superior que a tudo rege. Existem espíritos mais ou menos elevados nas faixas vibratórias e evolutivas do Cosmo incomensurável, mas o incognoscível, imanente, onipresente e onisciente Deus só existe um. Os homens criaram um Deus a sua semelhança e imagem pela grande dificuldade de abstração e de compreender a Divindade. Esforço válido como referencial exterior para despertamento da fé, e não como propriedade das religiões, com um Deus punitivo e raivoso, senhor dos raios e dos trovões, dos caldeirões fumegantes e das labaredas incessantes do inferno e do céu paradisíaco de hosanas eternas, contos da carochinha elaborados pelas mentes do clero sacerdotal para aprisionar os crentes nas igrejas terrenas.

Pergunta: Se tudo necessita de um Criador, então quem ou o que criou Deus?

Ramatís: No estado em que vocês se encontram, ainda é difícil abstrair o suficiente para entender Deus. Como querem compreender a Criação, prerrogativa da Divindade, que não teve início e não terá fim, se ainda se encontram nos descaminhos das estéreis discussões religiosas e são capazes de derramar o sangue de um irmão pela "verdade" religiosa? Como querem entender em sua amplitude as nuanças dos aspectos metafísicos da Criação? Na verdade, não há esse mistério, pois tudo acontece a seu tempo e em conformidade com o degrau da consciência na grande escada evolutiva do espírito imortal.

Pergunta: Como pode algo que não se descreve ser dito que existe?

Ramatís: Em seu interior, nas profundezas do inconsciente, vocês têm a lembrança Daquele que os criou. A atual capacidade de entendimento que a humanidade se encontra, porém, não possibilita uma descrição adequada Dele, o que reflete a escola primária que é a Terra, dentro do grande educandário do espírito imortal. Suas percepções, quais sejam, os cinco sentidos físicos, ainda são muito grosseiras para as sutilezas dos planos vibratórios em que os processos de Criação são conduzidos pelos procuradores do Pai, engenheiros e arquitetos siderais. Até mesmo a experiência da consciência cósmica "Samadhi" – êxtase vivenciado pelos iogues, místicos e santos da história terrícola – apresenta-se em pálido relato desses iluminados pela dificuldade de transposição dessa experiência para os restritos idiomas terrenos.

Pergunta: Uma vez que existem hoje incontáveis religiões no mundo afirmando serem a única religião verdadeira, por que os homens pensam que a sua é mais verdadeira do que a dos outros?

Ramatís: Essa situação ainda ocorre nesse orbe como consequência da baixa moralidade dos homens, do egoísmo, das vaidades, dos interesses particularistas e da ilusão do poder temporal que os cargos propiciados pelas religiões hierarquizadas dos terrícolas oferecem. No entanto, se vocês tivessem olhos de "ver" e ouvidos de "escutar", ficariam estarrecidos com o quadro dantesco que se forma do "lado de cá" quando da volta desses irmãos incautos e poderosos das religiões terrenas, ao perceberem o erro e a precária condição espiritual em que estão classificados, no momento em que são confrontados com os Tribunais Divinos que estabelecem os parâmetros reencarnacionistas futuros, dentro da justa Lei do Carma. Talvez um critério para se avaliar as religiões terrenas seja observar qual faz mais homens de bem do que hipócritas.

Pergunta: Mais de uma dessas religiões pode estar certa?
Ramatís: Todas têm a sua parcela de contribuição dentro do grande projeto de unificação no amor, previsto para o Terceiro Milênio, para a Nova Era, de Aquário. Logo, não devem rejeitar hoje o que poderão ser amanhã. Como dissemos alhures, o que não compreendem e ridicularizam em relação aos postulados religiosos praticados que não sejam os da fé que professam, na atual encarnação, estará criando situação cármica retificadora em encarnação futura. Nesse sentido, conforme a Sabedoria da Lei, muitos estão nascendo hoje em núcleos familiares que praticam a fé contrária que foi motivo de escárnio ontem.

Pergunta: Se o homem sente em seu coração que sua religião é a correta, como ele responde aos outros, de outras crenças, que afirmam a mesma coisa?
Ramatís: Não devem entender sua religião, seita, doutrina ou filosofia como a mais correta. Se essa faz com que vocês se sintam bem e realizados espiritualmente e a do próximo faz bem para ele, por que continuar se preocupando com essas questões? Isso é tão pequeno diante da enorme necessidade de amar ao próximo como a si mesmo e de interiorização dos postulados morais preconizados pelo Cristo-Jesus em seu Evangelho, tão carentes que se encontram os homens de serem crísticos.

Pergunta: Por que Deus permite que todas essas religiões falsas existam?

Ramatís: Deus não permite nem proíbe. O Pai não cerceia nem inibe os caminhos de Seus filhos. As interpretações humanas criaram as mais diversas religiões, situação que demonstra o exercício do livre-arbítrio e a liberdade de semeadura. A Lei do Carma, no entanto, em sua justiça, uma vez que provém da Perfeição Absoluta que estabelece a harmonia cósmica, determina que a colheita seja compulsória. Logo, se existem religiões precárias e "falsas" no orbe terrícola, são frutos unicamente da árvore plantada e regada por seus filhos, os próprios homens.

Pergunta: A história sangrenta do Cristianismo é coerente com o que se supõe ser a "religião do amor" ou ela simplesmente ilustra as consequências do abandono da razão pela fé?

Ramatís: As palavras do Cristo-Jesus, de puro amor, denotam o mais sublime código de ascensão cósmica para os homens. Ele não previu a criação de nenhuma religião na face planetária. O Cristianismo foi uma religião criada pelos homens. Os relatos sangrentos registrados na História relacionados com o ser cristão não têm verdadeiramente nenhuma relação com a fé ou a razão crística preconizadas por Jesus, mas, sim, com os desmandos de mentes doentias, cegas pelo poder dominante estabelecido. As atrocidades praticadas pelos líderes religiosos em nome do Cristianismo mostram sua imaturidade consciencial deslumbrada por tudo de mais vil que a carne pode propiciar de prazer ao corpo transitório.

Pergunta: Se tudo é produto do grande projeto de um arquiteto onisciente e benevolente, por que a história da vida é um registro de horrível sofrimento, desperdício crasso e falhas miseráveis? Por que esse Deus passou bilhões de anos de tal carnificina sem ainda ter alcançado Seu objetivo?

Ramatís: Esse Deus deixa Seus filhos ascenderem livremente. Dá-lhes o livre-arbítrio e os respeita incondicionalmente, mas estabelece em Sua magnânima justiça e benevolência a responsabilidade de cada um responder pelos próprios atos praticados. O tempo é incansável professor das almas no eterno educandário do espírito imortal. Só existe uma Perfeição Absoluta, que é a do Pai. Essas situações de sofrimento, dor e ranger de dentes, guerras e morticínios fratricidas são como o amargo remédio que deve debelar o quadro febril intermitente.[1] Há que se aguardar o restabelecimento dos pacientes adoentados pela moléstia da imoralidade, e o evo dos tempos se faz coadjuvante no tratamento das almas nesse pronto-socorro avançado do Senhor que é o planeta Terra.

Pergunta: Por que Deus interveio tantas vezes nos assuntos humanos durante a Antiguidade (de acordo com a Bíblia), porém nada fez durante o Holocausto da Segunda Guerra e dos atuais embates existentes no planeta?

Ramatís: Deus não intervém. Os mensageiros do amor e da caridade, que assistem a humanidade terrícola desde o primeiro protozoário criado nesse orbe, quando os caravaneiros do Cristo-Jesus já labutavam incansavelmente, esses, sim, auxiliam e, quando há merecimento de intervenção, tal ocorrência se faz. Como podem afirmar que os Mensageiros Divinos do Astral Superior não agiram durante a Segunda Grande Guerra? Em todos os embates e as carnificinas dos humanos, lá estão esses obreiros da Luz, incansáveis no socorro e no amparo aos sofredores, mutilados e estropiados pelas mãos humanas. Agora, tais intervenções não contrariam a justa colheita que deve ser realizada pelos próprios homens, responsáveis pela boa ou má semeadura. Se, ao se referirem à intervenção Divina, esperam algo milagroso como algumas descrições bíblicas, saibam que naquela época tais milagres não ocorreram como são descritos e que Deus, por Sua onipresença, sempre está com Seus filhos, seja nos atos praticados para o bem ou para o mal.

---

1 Vejam o capítulo "Anjos rebeldes" da obra *Semeando e colhendo*, de Atanagildo/Ramatís (Editora do Conhecimento).

Pergunta: Como não ocorreram? Acaso a Bíblia mente?

Ramatís: Não se trata de mentir ou não. Nas situações de clarividência descritas pelos profetas da História, eles, no mais das vezes, se deixaram levar por algo de excessiva imaginação e assombro. Existem leis exatas de manifestação espiritual na forma, nas várias latitudes do Universo infinito. É por causa do "milagroso" que muitos homens se mataram, como se o milagre descrito na Bíblia, que corrobora sua crença, excluísse os demais relatos e escritos espirituais de todas as outras religiões da Terra.

Pergunta: Por que as pessoas sempre tenderam a posicionar Deus no exterior e não a buscá-lo no seu interior?

Ramatís: Deus é imanente e onipresente. Em tudo está e tudo vê. Essas convicções interiores são decorrência de milênios de exposição aos dogmas religiosos. O atavismo que se criou no inconsciente, de um Deus exteriorizado, antropomorfo, personificado à imagem e semelhança dos terrícolas, serviu sob vários aspectos como instrumento importante utilizado pelos sacerdotes como maneira de aproximar a Divindade dos fiéis algo toscos e ignorantes daquela época para as conceituações mais abstratas. Também se "apropriou" da Divindade, infantilizando os homens, uma vez que foi arrancada sua prerrogativa interior de adoração, pois Deus está em cada um e em todos ao mesmo tempo. As igrejas cristãs, os templos maçônicos e rosa-cruzes, as sinagogas judaicas, os centros espíritas, as lojas teosóficas, os terreiros umbandistas, a choupana da benzedeira, a praça da cigana, o tabernáculo dos peregrinos, a caverna do eremita, o Horto das Oliveiras de Jesus, enfim, todas as localidades de expressão da fé são meras auxiliares nessa procura. O verdadeiro encontro com Deus está na edificação íntima de cada um, e a solidez da construção depende das ferramentas utilizadas pelo obreiro no burilar de sua índole, qual esmeril que dá polimento para a pedra bruta que se transformará em precioso diamante.

Pergunta: Pode um Deus que abandona Seus filhos quando eles mais precisaram Dele continuar sendo considerado todo bondoso?

Ramatís: Deus nunca abandona Seus filhos. São os homens que, por suas veleidades, desvarios, egoísmos, vaidades e guerras, esquecem de Deus. Vocês têm lapsos de esquecimento Dele, mas podem ter certeza de que em todos os momentos Ele está junto de todos nós. Logo, Deus é sempre infinita bondade e justiça. Os momentos de mais necessidade, como de dores e sofrimento, de maneira alguma podem ser interpretados como abandono da Divindade, mas, sim, como uma justa retificação de erros pretéritos, da vida atual e de anteriores. As mazelas de hoje são o corretivo aos atos insanos de ontem, reconduzindo o trem ao trilho descarrilado da longa viagem rumo à estação angélica de amanhã.

Pergunta: Se algo não é racional, deve-se de qualquer jeito acreditar nesse algo?

Ramatís: Não devem acreditar em algo que não seja aceito pela sua razão. O fato de não acreditarem em Deus, rejeitando-O, não quer dizer que Deus não exista. Mesmo não O aceitando, continuarão sujeitos aos desígnios traçados pela Divindade. Olhem à volta e percebam quanto oferece esse Deus ainda incompreendido. Acham que é um acaso da natureza esse corpo que ocupam? Entendem como sendo coincidência o planeta que habitam? Aceitam à luz da razão o fim após o desaparecimento e desenlace do frágil invólucro carnal? Qual o sentido da vida no breve instante de uma existência na matéria? Não tenham como conjectura aquilo que não está restrito aos seus sentidos e não recusem o que aparentemente não podem ver, ouvir ou sentir.

Pergunta: Se o Deus da Bíblia é todo bondoso, por que Ele próprio diz que Ele criou o mal? (Isaías, 45:7)

Ramatís: A Bíblia foi escrita pelos humanos, além de que são prováveis os erros de interpretações e de traduções posteriores.

Tirando o espírito da letra, talvez Isaías se referisse não ao mal, e sim ao ignorante. Inevitavelmente o mal existe e não foi criação de Deus, mas de Seus filhos no exercício do livre-arbítrio, direito cósmico inalienável dos cidadãos. Deus, a Inteligência Maior do Universo, não recusa o mal e, por Sua onipresença e imanência em todos, também está presente e assiste Seus rebentos que estão provisoriamente ao lado da mão esquerda. Como citado anteriormente, lembrem-se de que o mal ainda prepondera em seu orbe como forma retificadora da coletividade e para estabelecer o bem perene mais adiante, previsto pela malha cármica da humanidade, sendo unicamente efeito dos atos cometidos pelos próprios homens em toda a história das civilizações.

Pergunta: Existe uma maneira melhor de obter conhecimento e verdades do que a razão?
Ramatís: Sim. Ao cidadão espiritualizado, que reverencia sua descendência da fonte de Deus e jamais se torna escravo dos movimentos religiosos terrenos e de seus dogmas, que consegue enxergar além das intolerâncias e hostilidades dos homens, respeitando as diferenças individuais e tratando todos como seus iguais, a intuição aliada à razão é mais valorosa na busca do conhecimento e da verdade do que somente a razão. Temos em solo terrícola os exemplos de atitudes semelhantes, como Lao-Tsé, Buda, Krishna, Pitágoras, Antúlio, Zoroastro, Allan Kardec e o inigualável Jesus, entre tantos que poderíamos citar.

Pergunta: Por que existem tantas crenças religiosas contraditórias no mundo?
Ramatís: A grande diversificação evolutiva dos encarnados é que ocasiona essas diferenças. No orbe terrícola convivem desde o homem mais animalizado, escravo do corpo e dependente das sensações mais rasteiras, até homens iluminados em atividades missionárias e que aceitaram reencarnar. Assim, ainda são naturais as

contradições das crenças praticadas, sendo que cada um encontra receptividade no meio que o satisfaz em seus anseios, seja em templos, igrejas, terreiros ou mesas. Essa situação aos poucos vai se unificando, e o que parece uma contradição e avança em passos lentos aos seus olhos está adequado para a Espiritualidade e na velocidade exata para assimilação dos homens.

Pergunta: Se nada pode convencê-lo, então sua fé deve ser considerada algo além de cultos, religiões, doutrinas, crenças e rituais?

Ramatís: O que nos move e nos convence sempre é a razão e o bom senso, à luz dos ensinamentos morais do Cristo-Jesus, sob a égide do qual exercemos nossas humildes tarefas na aura planetária da Terra. Não queremos impor verdades, mas estamos convictos de que não houve arbitrariedade nos caminhos traçados na evolução pela Divindade. A busca e as experiências são necessárias e se iniciam nos primeiros planos de manifestação da vida. A compreensão intelectual não livra vocês da ilusão da carne. A existência é universal, portanto todos estão em unicidade com Deus. O intelecto serve somente para que as relações com as verdades fundamentais do Cosmo se façam entender, mas não consegue explicar a individualidade e a vida eterna quando restrito às percepções grosseiras do corpo físico. Dessa forma, é possível concluir que essa dificuldade em conviver com as verdades perenes não tem relação com a fé praticada que os contraria e que é exteriorizada aos seus olhos na forma de diversos cultos, religiões, doutrinas, crenças ou rituais.

Pergunta: Se um ateu ou ateia vive uma vida decente e moral, por que um Deus amoroso e compassivo Se preocuparia em este acreditar ou não Nele?

Ramatís: Deus não Se preocupa. O Pai não tem os pensamentos comuns aos homens, pois o pensar é prerrogativa de uma consciência, de uma mente humana, e a Divindade Suprema é Onipresente e Onisciente, tudo sabe. Deus não é uma pessoa, logo não deve ser transferido a Ele as qualidades ou os defeitos dos homens. Para o Criador, não tem importância acreditar Nele ou não. São os atos praticados e os bons sentimentos que determinam o julgamento. Ampliemos o exemplo descrito: obviamente, terá mais valor e será mais merecedor aos "olhos" da Divindade um ateu de vida decente e moral em comparação com um crente religioso imoral e devasso.

Pergunta: Por que tantas pessoas religiosas agradecem a Deus quando elas sobrevivem a desastres, mas não ficam com raiva Dele por terem, em primeiro lugar, causado um acidente?
Ramatís: Deus não interfere em nenhum momento na vida humana. Se um homem foi exposto a um acidente grave, desastroso e sobreviveu, é porque assim tinha que ser e não era o momento de seu desencarne. O agradecimento em situações de bonança é um condicionamento das religiões terrenas. Muitos irmãos ficaram infantilizados após a excessiva exposição ao dualismo dogmático do céu ou inferno, santo ou demônio, crente ou herege, fiel ou pecador, prevalecendo por isso o hábito de tudo agradecer a Deus, como se houvesse uma constante necessidade de se afirmar a fé e se demonstrar quanto são gratos e devedores, mas no fundo são ocorrências que nada têm de interferência da Divindade.

Pergunta: Por que o número de ateus e ateias nas prisões é desproporcionalmente menor do que na população em geral?
Ramatís: Essa situação demonstra claramente que a humanidade, infelizmente, volta-se para a religiosidade e para as questões espirituais nos momentos de dor. O sofrimento ainda é o aguilhão que faz o homem avançar, ao contrário do que ocorre em outras paragens cósmicas. Quantos desses retidos no cárcere terreno não foram cruéis aprisionadores, déspotas e exploradores ferrenhos no passado? O homem terrícola está no início da longa jornada evolutiva. A perfeição e a angelitude, algo distantes desses prisioneiros,

iniciam-se quando os impulsos primários e animalizados se rendem à brisa do Eu Superior, mesmo que numa situação calamitosa como a dos presídios.

É relevante observar que não devem ter ares de superioridade quanto a esses irmãos, pois enquanto estão expurgando dívidas de outrora, muitos senhores e senhoras bem posicionados e valorizados da sociedade hodierna cometem atos infames; quais não sejam os prazeres proibidos ao "ilibado" senhor da coletividade, mas que, na casa de tolerância, mostra-se em toda sua animalidade reprimida, desregramento que o conluio sexual pago propicia com belas jovens carentes; ou a senhora refinada, progenitora que leva exasperada a moçoila sem limites para a clínica de abortos montada em fino consultório, situado em bairro de elevado padrão de moradia. Muitos desses, que assim procedem e são valorizados por sua sociedade, dizem-se religiosos e contribuem regiamente para a religião, seita ou culto que praticam. Por isso, citamos alhures que a Espiritualidade avalia as religiões no orbe pelos homens de bem que formam, e não pelos hipócritas comprometidos com as aparências e bruxuleios alimentados por suas vaidades.

Pergunta: O Deus brutal, vingativo e sedento de sangue, como mostrado no Velho Testamento, ainda é um Deus que ama? E como pode o mesmo Deus que, de acordo com o Velho Testamento, matou todos na Terra, exceto os que entraram na arca de Noé, ser considerado qualquer coisa que não seja mau?

Ramatís: Deus, sendo único, Sua sabedoria, justiça e amor também o são; caso contrário, haveria a existência de mais de um Deus. Qualquer desvio é por conta e responsabilidade dos homens e de suas interpretações equivocadas. Esse Deus mostrado pela Lei de Talião, olho por olho e dente por dente, que Moisés suavizou com o código legal e Jesus sublimou no amor que perdoa "não sete vezes, mas setenta vezes sete", ama incondicionalmente, pois se trata de uma única Divindade em toda a existência da vida no Cosmo. Essa interpretação de Deus brutal, quase raivoso, senhor dos raios e dos trovões, estava de acordo com a barbárie e os genocídios praticados pelos homens daquela época, e somente a descrição da Divindade nesses moldes angariaria respeito e devotamento. Assim, embora os relatos bíblicos de Deus variem, o fato é que todos estão se referindo a um único Pai, e as diferenças verificadas ao longo da História são unicamente consequências das suas idiossincrasias e nada mais. Quanto à afirmação de Deus ter matado todos na Terra, saibam que essa assertiva é mera alegoria bíblica, visto que são espíritos imortais, momentaneamente ocupando um pesado invólucro carnal.

Pergunta: Devemos confiar em alguma religião que exige que elevemos nossa fé acima da razão?
Ramatís: Não. A fé cega leva o homem a tal ponto de fascinação que o torna capaz de matar um irmão seu em nome dessa mesma fé. Toda e qualquer observação literal das escrituras, seja da Bíblia ou de outros compêndios religiosos elaborados pelos homens, só pode levar a situações divisionistas, que não refletem a união crística e universalista existente do "lado de cá". Vocês têm suficientes exemplos na história das religiões, basta observarem as guerras "santas" que ainda existem nesse orbe para que tirem suas próprias conclusões quanto à inadequação de quaisquer fundamentalismos religiosos.

Pergunta: Devemos odiar nossas famílias e a nós mesmos para sermos bons cristãos? (Lucas, 14:26)
Ramatís: É preciso ter critério na interpretação das afirmações bíblicas. Os incrédulos de todos os tempos sempre se aproveitaram da linearidade dos raciocínios dos homens para dividir e confundir. Quando Jesus afirmou: "O que fizer a vontade de Deus, esse é o meu irmão, e minha irmã e minha mãe", não estava negando ou odiando sua parentela consanguínea. O Mestre não perdia oportunidade de educar. Diante da vida eterna e das múltiplas reencarnações e

moradas dos espíritos, Jesus ampliava os conceitos e, todo amor, falava de forma alegórica para o entendimento necessário à época. Assim, todos eram seus irmãos, pois o ser pai ou mãe de hoje pode ser decorrência de ter sido filhos de ontem. O que permanece inalterado é a nossa condição de irmãos e filhos de um mesmo Deus. Quanto à afirmação do Evangelho de Lucas, não é odiar, e sim ter menos apego ao cadinho familiar. O verdadeiro amor liberta e não prende. O espiritualizado ama a todos dentro das suas possibilidades e tenta não se fixar em apegos excessivos que dificultam a ascensão. No *post mortem*, quantos pais e mães ficam quais carrapatos, vampirizando seus filhos encarnados, causando-lhes mal, embora não intencionalmente, e atrasando sua caminhada evolutiva pelo apego excessivo.

Pergunta: Considerando que o mundo antigo era abundante de contos de deuses-salvadores ressurgidos, que supostamente tinham retornado da morte para salvar a humanidade, por que a história de Jesus é mais verdadeira do que todas as outras?

Ramatís: Quem afirmou que a história de Jesus é mais verdadeira que as demais? Todas as histórias são tão verdadeiras quanto a do Divino Mestre. Sem sombra de dúvidas, o Rabi de Galileia foi o Espírito mais elevado, missionário enviado de esferas inimagináveis a vocês, que já pisou o orbe terrícola. Os mitos de um Krishna na Índia, Orfeu na Grécia, Buda na Ásia, Zoroastro na Pérsia, Hermes no Egito, Lao-Tsé e Confúcio na China, todos prepararam o caminho para a descida angélica de Jesus. Foram os preliminares que trouxeram as mensagens para a plena compreensão futura das palavras do Divino Mestre. Ocorreu que a mensagem de Jesus foi programada pelos Maiorais do planejamento sideral para ser mais ampla, mas, se não ocorresse a anterioridade desses ensinamentos iniciáticos, que se deu com a encarnação desses iluminados que o precederam, inevitavelmente Jesus não conseguiria deixar o Evangelho do Cristo nos moldes programados em sua curta existência terrena.

Pergunta: Se é exigido do ateísta que desaprove Deus, quem faz tal exigência deve estar em condições de provar a inexistência de Zeus, Odin, Ra, Ptah, Baal, Astarte, Diana de Éfeso, Cronos, Ogyrvan, Apsu e todos os muitos outros deuses e deusas da Antiguidade?

Ramatís: Não se deve aprovar nem desaprovar a fé e a crença alheias ou impor condições a outrem para que exponha a consciência individual em seu ideal religioso, direito inalienável dos cidadãos cósmicos que todos vocês são. No Tao Te Ching temos: "O Caminho do Céu é imparcial; alinha-se apenas com as boas pessoas". Interpretando essa assertiva, podem concluir que a jornada ascensional do homem não está vinculada às denominações terrenas de quaisquer crenças, instituições, religiões, divindades, deuses, santos ou espíritos, e a harmonia cósmica é desapaixonada das questões humanas, ligando-se inevitavelmente aos sentimentos amorosos que demarcarão o psiquismo de profundidade do espírito eterno e que indicam a elevação moral alcançada por cada personalidade no curto interregno carnal.

Mesmo contrariado em sua crença, sendo ateus ou não, tenham em Jesus o modelo quando afirmava: "Granjeai amigos com as riquezas da injustiça, para que, quando estas vos faltarem, vos recebam eles nos tabernáculos eternos" (Lucas 16:9). Não gerem mais iniquidades entre vocês, exigindo daqueles irmãos próximos atitudes que justifiquem sua insatisfação com a fé que não praticam, mesmo que aquilo em que acreditam rejeite a Divindade e qualquer influência dos Céus em sua vida.

Pergunta: Alguém já foi morto em nome do ateísmo?

Ramatís: Houve mais mortes na história da humanidade em nome dos deuses e das religiões do que em nome de um Deus em que os terrícolas não acreditassem. Ao contrário, muitos ocultistas, alquimistas, esotéricos, considerados hereges e descrentes, sendo na verdade raros os ateus, foram sumariamente queimados e decapitados no movimento inquisitorial, para citar talvez a principal cicatriz que demarca a caminhada religiosa do planeta. Atos infames em nome de um Cristianismo que contrariou o próprio Cristo-Jesus, visto que os pecadores atiraram as pedras que extirparam vidas num movimento generalizado, numa civilização dominada pelos reis, senhores feudais e sacerdotes. Infelizmente, esses morticínios "punitivos" ainda são uma nódoa a marcar os homens, pois os condicionamentos arraigados pela excessiva exposição dogmática, no mais das vezes, exigem longo período de imposição de novos hábitos, e até hodiernamente expurgam os homens tais desmandos praticados.

Pergunta: Se a Terra, juntamente com o homem, é a obra-prima de Deus, e ambos existem a um tempo finito, é razoável perguntar: o que estaria Deus fazendo antes dessa obra?

Ramatís: O homem não é único no Cosmo. Durante o período em que seu planeta não existia, Deus estava criando a vida, os astros e as estrelas no Universo infinito, como sempre o fez pela Eternidade. O Criador Incriado, que não teve início e não tem fim, onisciente e onipresente, que tudo vê e que em tudo está, não prefere nenhum filho ou criação Sua em relação a outrem. Tudo a seu tempo; e o que parece ininteligível a vocês nada mais é que sua natural dificuldade de percepção na dimensão tridimensional em que se encontram. Vocês são a obra-prima da Criação, mas não são a única. Da bactéria ao anjo, da ameba ao arcanjo, Deus trata a todos com equanimidade. Se o planeta Terra ou os seres humanos fossem uma realização do Pai melhor que as demais na imensidão cósmica, estaria Ele preterindo algo ou alguém em relação a outrem, atitude que contrariaria a Perfeição Absoluta que é Deus.

Pergunta: Se somos tão importantes para Deus, então, antes da Criação, Ele era um insatisfeito? E a onipotência? Se Ele sempre existiu, por que demorou tanto para fazer Sua obra? Por que tal obra apresenta tantos defeitos?

Ramatís: Deus não Se satisfaz nem Se insatisfaz, pois a satisfação ou a insatisfação são percepções humanas, geralmente relacionadas com um anseio alcançado ou uma sensação propiciada pelo equipo físico. O poder absoluto de Deus não se relaciona aos mimos e melindres dos Seus filhos. Como para Deus não existe o tempo na concepção dos homens, Ele não demora nem Se adianta. Logo, Suas obras estão no tempo exato para que Seus filhos, criados simples e ignorantes, desprendam-se Dele como faíscas que se soltam de uma grande chama, desgarrando-se do seio do Absoluto e evoluindo por méritos próprios. A todos, inquestionavelmente, são dadas as mesmas condições, que independem do endereço que localiza o cidadão no Cosmo, seja neste grão de poeira "insignificante" que chamam de Terra, seja em qualquer outra localidade sideral.

Sua importância para o Pai não é maior nem menor que aquela dada para a minhoca que rasteja no subsolo úmido e escuro. A minhoca tem importância fundamental no processo de aeração do solo, que propiciará oxigênio e nutrientes suficientes para as lavouras de alimentos consumidos por vocês, bem como é excelente adubo e serve de alimentação para aves e anfíbios. Esse anelídeo terrestre, desprezível aos homens de andar ereto, cujos olhos altivamente vislumbram somente o que está à sua frente, não apresenta defeitos de moral e caráter comuns a vocês, que na maioria das vezes não conseguem ainda um relacionamento parcimonioso e produtivo com a coletividade e com o meio ambiente de seu entorno.

Pergunta: Apesar de não haver nenhuma "ordem divina" explícita, o ato sexual sempre foi muito reprimido por parte dos cristãos de toda a história. Além de nunca ter existido uma mulher como chefe da Igreja, a índole virginal de Maria, os critérios obscuros de Deus ao enviar um "filho", e não uma "filha", os apóstolos masculinos, Adão, a culpa de Eva pelo pecado, o celibato ao clero sacerdotal, o caráter viril da "Santíssima Trindade", as vergonhosas e históricas difamações e repressão ao sexo feminino, proclamadas com veemência por muitos "Santos Ilustres" da Igreja Católica, as proibições eclesiásticas em vigor, enfim: por que tanta repressão e preconceito quanto ao sexo?

Ramatís: O homem, por sua baixa moralidade, concupiscência e sensualismo exacerbado, é o único responsável pelos desequilíbrios causados no campo sexual. Embora não haja uma ordem divina explícita, implicitamente a Divindade estabeleceu o conluio sexual como prerrogativa de reprodução da espécie e de troca energética entre o casal, respeitosa e em relacionamento monogâmico, que deve completar-se não somente nos apelos do sensório, mas, acima de tudo, no uníssono da convivência a dois e no entendimento amoroso que deve alicerçar as criaturas que se reúnem para constituir uma família. A repressão faz parte da intolerância humana e independe de movimento religioso, sendo a perseguição religiosa efeito dos homens e não a causa. Observem a repressão às minorias, às crianças, aos índios, aos negros e tirem suas próprias conclusões.

O fato de Deus enviar um filho do sexo masculino e de todos os apóstolos serem homens não tem nenhuma ligação com os critérios da Divindade. Naquele contexto social, se assim não fosse, não alcançaria o Cristo-Jesus nenhuma credibilidade entre os povos, valendo esse preceito também para o apostolado. As mulheres da época ligavam-se às coisas do lar, e não se envolviam com as questões religiosas, do comércio e de governo, tarefas dos homens. A mãe de Jesus, personificada naquela encarnação em Maria, concebeu e deu à luz normalmente como todas as mulheres o fazem até os dias atuais. Os preconceitos em relação ao feminino e as decisões eclesiásticas posteriores não têm nenhuma relação com Deus e representaram unicamente a cultura e os costumes da época, que ficaram enraizados na estrutura hierarquizada do clero sacerdotal.

A "Santíssima Trindade" desfaz-se com o esclarecimento da divindade de Jesus, de ele não ser Deus. Um espírito santo independe do sexo, pois todos vocês encarnam para aprendizado em ambas as polaridades, masculina e feminina. Muitos dos santos ilustres que praticaram "milagres" enaltecidos pelo clero, honrados em culto público, consagrados em atos solenes e liturgias especiais de canonização, reencarnaram para sua continuação evolutiva em corpos femininos. Quanto ao pecado original, por que a humanidade em sua esmagadora maioria sofreria pelo pecado de um homem, de Adão? Como pode haver culpa por algo não cometido e onde está o mérito do esforço próprio?

Já as Sagradas Escrituras com certeza foram inspiradas pelos Mensageiros de Luz enviados por Deus, mas as ignomínias, as manipulações, as ilações e os erros de interpretação são coisas unicamente dos homens e de seus interesses mundanos. A repressão e o machismo ficam por sua única conta, qual gerente que deixou a firma falir quando os interesses particularistas se misturaram ao objetivo maior de gerar bem-estar e felicidade ao quadro laboral.

Pergunta: Se o sexo pode ser tão nocivo ao homem, por que Deus não nos ofereceu outras possibilidades naturais de reprodução? Ele não sabia das futuras implicações?

Ramatís: Tudo que é natural, inerente ao homem, não pode ser nocivo. Se assim o é, atribua-se aos desequilíbrios causados por seus desregramentos. A água não causa moléstia, mas, ao tomá-la ininterruptamente, litros e litros, sua organização fisiológica perecerá pelo excesso. Ampliando essa exemplificação, concluirão que sempre, ao se violentar uma Lei Natural, de Deus, sofre-se o efeito. Há locais no Cosmo em que o amor é mais perene, os seres são mais altruísticos, não sendo mais necessário o processo gestacional como o concebido em seu planeta, que os aproxima obrigatoriamente um do outro quando estão no corpo transitório e dispensável. O meio de manifestação do espírito eterno não é mais a pesada vestimenta carnal e a imposição da parentela consanguínea, como em seu orbe, não é mais instrumento de ajuste corretivo para aqueles irmãos que faltaram na convivência amorosa em vidas passadas. Deus oferece outras possibilidades de convívio em planos vibratórios mais sutilizados. O que atualmente entendem como reprodução, nessas paragens, é possível denominar, para seu entendimento, de mero renascer naquele plano específico, pois os espíritos na verdade não se reproduzem, sendo a criação de cada mônada espiritual prerrogativa de Deus.

Pergunta: Se Deus criou o homem e o dotou de inteligência (uma de suas principais características), destinando-lhe o livre-arbítrio, mas deixa Seus filhos sofrerem pelos seus erros, como Ele pode estabelecer em Suas Leis o sofrimento? O suposto Deus já não sabia desde o início dessas implicações?

Ramatís: Assim como Deus permite a alegria e a colheita farta dos acertos, também autoriza a perda do plantio pelos erros do lavrador. Onde estaria a justiça com aqueles que acertaram pela boa aplicação do livre-arbítrio individual se a Lei contemplasse os errantes com a complacência de uma mãe que não impõe limite ao filho que falta na conduta e com as boas normas de convivência no lar que abriga vários irmãos? Deus não deixa nem proíbe, e o sofrimento individual é corretivo que repõe os faltosos no caminho reto da evolução. O determinismo da Lei, em sofrer ou não, está exatamente nas atitudes dos homens. Analisem-nas.

Pergunta: Muitos povos, como os indianos, por exemplo, têm como deuses alguns animais bizarros e outros semi-humanos, até mesmo humanizados, e não acreditam no Deus judaico-cristão. Isso é certo?

Ramatís: Não julguem para não serem julgados. Da mesma forma que julgarem, serão julgados. O que parece certo e perfeito a vocês pode não ser para seu irmão. O certo e o errado são classificações relativas. O que é errado para a consciência do homem espiritualizado pode ser certo para algumas tribos de aborígines que preservam os costumes ancestrais. O que consideram tribal necessariamente não quer dizer primitivo aos olhos da Espiritualidade. O índio que caça e defende seu território pegando em armas e que acredita nos Orixás como deuses da natureza pode ter mais valia espiritual em seu degrau evolutivo do que o homem culto da cidade que tem ojeriza a qualquer forma de violência física e é crente em um Deus único, mas encontra na ferramenta da maledicência dissimulada uma conduta frequente para construir sua escalada profissional.

O Pai criou todas as coisas perfeitas no que se refere à utilidade para si próprias ou para a comunidade em que estão inseridas, mas de costumeira imperfeição quando aplicadas a culturas estranhas. O que pode ser considerado errado para um pode ser o certo para outrem. Acreditar no Deus judaico, cristão, hindu, budista, zoroastrista, muçulmano, africanista ou na forma de animais humanizados, enfim, atrelados às práticas religiosas terrenas, tem importância menor aos "olhos" da Divindade[2], que, como citado anteriormente, valoriza os bons sentimentos amorosos entre os irmãos e as obras realizadas que alicerçam a edificação interior, adequadas à altura alcançada pela consciência na longa escada ascensional.

Pergunta: Os conceitos "onisciência, onipotência, onipresença, bondade e livre-arbítrio", entre si, não formam uma cadeia de atributos que ameaçam com a ideia de Deus aos simples e ignorantes de todas as religiões?

---

2 Nota do autor: diz o *Bhagavad Gita*: "Eu acolho prazenteiro todos os que me procuram e honram, qualquer que seja o caminho que sigam, porque todos os caminhos, todas as formas religiosas, embora de denominações diferentes, a Mim os conduzem" (cap. IV, 11). "Hás de saber que a verdade, apesar de ser desconhecida pelos fanáticos e intolerantes, é esta: que, ainda que os homens adorem vários deuses e várias imagens e tenham diferentes concepções da deidade adorada, e até pareçam as suas ideias ser contraditórias entre si, toda a sua fé se inspira em Mim. Sua fé em seus deuses e imagens não é senão o alvorecer da fé em Mim; adorando formas e concepções, eles querem adorar a Mim sem o saberem. E, em verdade digo, eu aceito e recompenso essa fé e adoração, uma vez que seja honesta e conscienciosa. Esses homens fazem o melhor que podem, conforme o estado de seu desenvolvimento, e receberão os benefícios que procuram, conforme a sua fé; todo benefício, porém, emana de Mim. Tal é o meu Amor, a minha Razão e a minha Justiça" (cap. VII, 21-22).

Ramatís: Como podem temer aquilo que não compreendem em sua plenitude? A maior ameaça para os simples e ignorantes, imbuídos de palpitantes sentimentos amorosos na sua grande maioria, são as imposições dogmáticas das doutrinas terrenas, o ranço academicista dos eruditos intelectualizados que pregam em nome de Deus, os interesses pecuniários dos mercadores de graças, a aridez dos corações daqueles que se distanciaram do povo pelo excesso de hierarquia, a ortodoxia exagerada de alguns senhores da verdade, o evangelismo patrulhador das filosofias ditas mais recentes, as longas elucubrações teóricas dos estudiosos dos diversos setores espiritualistas, o apego aos cargos em todas as instituições religiosas, dentre tantas outras intolerâncias e ilusões dos homens que independem dos atributos da Divindade; e nos tornaríamos assaz repetitivos e tediosos se fôssemos trazer todas como exemplo.

Pergunta: A busca da cura por meio da peregrinação a igrejas, templos, terreiros, centros, lojas, cultos em geral, procissões, confissões (diretas ou não), oferendas, orações conjuntas e em voz alta, velas, incensos, defumações, descarregos, óleos bentos, imagens, roupas especiais, benzeduras, simpatias, enfim, "os canais especiais para se comunicar e alcançar as graças da Divindade", em sua conjuntura, é coerente com o que se supõe de um Deus onisciente e que Se encontra em toda parte e que busca a unificação dos homens?

Ramatís: Sim, pois tais ocorrências não interferem no fato de Deus Se encontrar em toda parte, e a coerência está no amor fraterno e altruístico entre os seres, que se encontra dentro de cada um, e não em quaisquer tipos de práticas visíveis aos olhos carnais. Essa premissa não dispensa os ditos "canais" de comunicação das necessidades dos homens para incentivo e consolidação da fé individual, que despertará o amor momentaneamente ausente e em conformidade com o anseio espiritual de cada consciência. O retorno dos homens ao seio da Divindade é processo lento de assimilação.

A noção da onipresença do Pai, que dispensa quaisquer exteriorizações, pressupõe um mentalismo para o qual a humanidade terrícola ainda não está preparada. Mesmo nas comunidades existentes em outras localidades do Além, em que o amor e o ser crístico são um estado de alma interiorizado, e as individualidades são mais mentais nas suas expressões de religiosidade com o Absoluto, ocorrem reuniões, e os ritualismos se fazem rotineiramente, pois são primeiramente maneiras de união fraterna e amorosa entre as consciências que se procuram e se encontram identificadas em grupo, tornando-se secundário o formalismo do culto em si. Quanto mais crístico e evoluído o ser, mais sociável. A humanidade ainda está muito longe de dispensar os instrumentos palpáveis que impulsionam a fé que cura e "materializam" o contato das criaturas com Deus.

Afora essas preliminares, agravou-se ao longo da história recente das religiões no orbe essa carência excessiva de canais especiais para religá-los com a Divindade. Afinal, vocês têm no inconsciente milênios de amarras punitivas, diante da "posse" de Deus pelos homens poderosos, sacerdotes que julgavam os crentes, concedendo a eles o privilégio de ingresso ao Céu de hosanas e anjos eternos, ou os remetendo, quando considerados descrentes, ao inferno de labaredas e diabos perpétuos.

Não são as adoções desses canais que os aproximam ou distanciam de Deus, e tampouco a ausência completa deles. Uma das exigências para se religarem com o Pai, para a ascese espiritual e a "cura" do ser, é o amor ao próximo. Quanto mais amarem seus irmãos como a vocês próprios, mais "curados" e junto de Deus estarão. O Cristo-Jesus amava mais seus irmãos que a si próprio, tanto que se deixou levar ao calvário da cruz.

Pergunta: Sócrates, Goethe, Spinoza, Arquimedes, Hipócrates de Cós, Kepler, Epicuro, Newton, Platão, Darwin, Euclides, David Hume, Shakespeare, Zeno, René Descartes, Pitágoras, Xenófones e muitos outros seres humanos são mundialmente

"aceitos", no sentido de que existiram historicamente. Porém, não se pode dizer o mesmo de Jesus Cristo, cuja existência é vista como um mito ou uma crendice popular, principalmente na Ásia e África, além de outras localidades isoladas. O que aqueles seres humanos tinham que os tornaram tão "aceitos" ainda hoje?

Ramatís: Certo está que a religiosidade na Ásia e na África é muito anterior ao advento do Cristo-Jesus no orbe terreno. No entanto, fazer ilações quanto a uma visão mítica de Jesus denota equívoco. Até pelo fato de essas regiões serem mais antigas nas questões espirituais, quando as comparamos com as localidades geográficas ditas cristãs em seu orbe, resulta que mais facilmente aceitam alguns postulados de Jesus que são recusados pelo Cristianismo hodierno e que foram suprimidos das escrituras originais ao longo dos anos, quais sejam: os das vidas sucessivas, logo da anterioridade da alma e da pluralidade dos mundos habitados.

Pela amplitude de seus ensinamentos, por nunca ter pertencido a qualquer religião oficializada na época, o que até hoje desagrada os religiosos, tendo ensinado as verdades liberto de quaisquer imposições dos mandatários de outrora, de forma independente, universalista, libertária, e tendo angariado os apóstolos para seu sublime ministério nos homens simples do povo, Jesus contrariou enormes interesses, fato que não ocorreu com os ilustres. A notoriedade e a liderança alcançadas pelo Divino Mestre na expressão religiosa da humanidade, em que seu Evangelho é inquestionavelmente o mais elevado código moral de conduta e libertação das consciências, contrapõem-se ainda a muitos interesses dos homens atuais, sendo por isso rejeitado por alguns líderes religiosos fanáticos. Entretanto, de forma alguma o nome de Jesus é menos aceito quando comparado ao de qualquer outro.

Experimentação na matéria densa

O esoterismo, embora sendo um sistema espiritual, debruçou-se sobre a natureza e apresentou ao homem sequioso de conhecimento um método de observação completo que poderia ser concebido pela inteligência humana. Não se descarte a contribuição das mentes iluminadas de todos os mestres e instrutores espirituais que sempre estiveram acompanhando o progresso das criaturas. Os esotéricos e ocultistas sempre souberam explicar a evolução sem destruir os princípios dos homens, desde os mais simples até os mais elevados.

A teoria evolutiva das espécies mais aceita dentre todas – a darwiniana – é um apanhado baseado na observação criteriosa de seu idealizador, o naturalista Charles Darwin, que a formulou no século XIX. Esse descobrimento, independente de uma parte da vasta verdade espiritual, não explica o todo, pois se baseia no que é aparente aos olhos carnais e no frágil meio de manifestação do espírito imortal, ou seja, o corpo físico. Esse é elo mais grosseiro de expressão do princípio inteligente no meio mais denso que o cerca durante sua existência na matéria, porém necessário à consciência nos primeiros degraus da evolução. Os esotéricos e ocultistas nunca mantiveram seus ensinamentos isolados, estanques. As teorias da ciência, da Física, da Química, entre outras, nunca foram irreconciliáveis com eles. Ao contrário, estão vinculados e caminham de mãos dadas, e quase todos os antigos sábios e místicos de outrora se interessavam sobretudo pelas ciências físicas e muitos por Alquimia.

Assim foi na época da codificação da Doutrina Espírita, que veio esclarecer os racionalistas pragmáticos do Ocidente e aproximá-los das meditações abstratas do Oriente quanto aos aspectos relacionados às verdades espirituais, à Lei do Carma, à pluralidade dos mundos habitados, à preexistência da alma, à origem do homem na Terra, salientando os principais. Não havia condição evolutiva para constarem nas obras básicas de Allan Kardec pormenores quanto ao corpo etéreo, corpo astral, corpo mental; também não se poderia entender as leis da biologia e da embriogenia, que estudam os fenômenos organogenéticos, nada se sabendo dos genes e dos cromossomos. Observem que a fonte de sabedoria do Altíssimo jorra de acordo com a capacidade de vazão do leito do rio, sob pena de haver, em caso contrário, um transbordamento, afogando as criaturas que convivem nas suas margens.

A gradação dos conhecimentos não é ocasional e estará sempre de acordo com a capacidade de assimilação dos terrícolas. Cada vez que se descobre um fóssil numa escavação arqueológica, aumentam as dúvidas sobre o que está escrito nos primeiros capítulos do *Livro da Gênese*, que descreve como Deus criou o Universo e tudo que há nele. A vida e o processo evolucionário no planeta não estão circunscritos à concepção de que o primeiro homem foi Adão. Quando se trata de um crânio de humanos, ao submetê-lo para análise nos hodiernos aparelhos e computadores, demonstra-se que o rosto desse hominídeo era achatado, muito próximo e semelhante à face do homem contemporâneo, contrariando diretamente a teoria da evolução darwiniana. É chegado o momento em que a ciência dará sua grande contribuição para a verdade.

As escrituras foram feitas para o homem, que não foi criado para as escrituras. Resgatem o sentido oculto e esotérico que nelas sempre houve para o esclarecimento dos cidadãos terrícolas; liberem-nas do excesso de simbolismos e alegorias, desnecessários para a racionalidade dos homens da Nova Era; submetam-nas à luz da razão e façam a verdade prevalecer. Deixem de ser crianças espirituais e se tornem esclarecidos para o despertamento tão necessário às consciências em ascensão evolutiva.

É irracional e disparatada, mas infelizmente ainda muito preponderante em seu orbe, a concepção de que os atos praticados na curta existência de uma encarnação – entre setenta a oitenta anos –, as dúbias e primárias ações praticadas na fragilidade do escafandro grosseiro, que é o equipo físico, sejam perdoados pela perfeita Justiça Divina, estabelecendo a vida póstuma de duração infinita e de eterno arrebatamento íntimo no paraíso ou definindo a ida para uma colônia espiritual do Astral Superior.

Nesse último caso, o irmão encarnado justifica-se, sendo seu pensamento mais inconsciente: "Não pratiquei o mal e sempre cumpri com as obrigações de estudo e frequência ao centro espírita". A atividade na casa espírita se tornou um doce convívio social. São ocasiões em que se preenche o horário vago, normalmente tedioso, e as senhoras bem trajadas e os senhores circunspectos, de alto padrão financeiro e sem ocupação costumeira, rotineiramente se dirigem em seus automóveis possantes para o grupo mediúnico, fechado e distante dos encarnados doentes e tão problemáticos. Preferencialmente, para alguns médiuns e dirigentes, que as manifestações psicofônicas dos irmãos do "lado de cá" sejam suaves e poéticas, para não se cansar em demasia o delicado aparelho mediúnico no breve encontro semanal. O Pai tudo provê, e a caridade sempre se faz presente. No mais das vezes, o maior beneficiado é exatamente o médium, visto que muitos desses irmãos foram beatos dedicados em outras vidas, de grande ociosidade no exercício do auxílio ao próximo e muito expostos aos dogmas que deixaram seus espíritos infantilizados, e agora têm o primeiro contato com a mediunidade, decorrência da justa aplicação da Lei do Carma, mas ainda recaem nos seus condicionamentos milenares.

A concepção do progresso por meio da passagem e do aprendizado do espírito em mundos sucessivos não é de forma alguma uma hipótese remota, e, para os ocultistas e esotéricos, sempre foi um fato fora de qualquer dúvida, bem como o é para os espíritas, hinduístas, budistas, maçons, rosa-cruzes, teósofos, umbandistas e espiritualistas, em geral. Haveria sentido na Cosmogênese Divina se todos os planetas do sistema fossem idênticos? Diferem entre si não somente no aspecto mais visível às sondas espaciais, mas nas condições de equilíbrio entre o princípio espiritual e a matéria correspondente, havendo harmonia como tudo no Cosmo. Os mundos superiores, habitações diversas da escala ascensional, são cada vez mais rarefeitos, menos grosseiros e mais sutis. Existe um impulso que constantemente está levando os espíritos libertos do ciclo grosseiro da carne a esses locais mais elevados, como se fossem ondas cíclicas que os impulsionam de acordo com o estado vibratório atingido. É como se houvesse uma ruptura da crisálida, libertando a borboleta que esteve prisioneira como lagarta rastejante no solo – o espírito milenar retido no corpo carnal –, alçando-a para o alto, para o voo perante a beleza de um jardim florido.

A evolução do homem não acontece em um único orbe, em uma única partícula do Cosmo. O corpo físico, o mais denso e grosseiro, é o primeiro elo de que o princípio espiritual se liberta, continuando seu jornadear em outras paragens, em outros planetas do Infinito cósmico. A vida no Além não é isenta de mudança, de progresso e aperfeiçoamento constante nas mais variadas latitudes do Universo. Embora os maiores efeitos sejam sentidos no Plano Astral, vocês têm a oportunidade de trabalhar imediatamente as causas de suas mazelas ou felicidades, pois o estar no corpo físico é sublime empréstimo divino para o burilamento íntimo, o equilíbrio da balança cármica.

O homem terrícola está no início da longa jornada evolutiva. A perfeição, a angelitude, embora meta de longo alcance, inicia-se quando se submete aos sentimentos superiores os impulsos primários e animalizados. Em outros orbes, atingem-se ápices de perfeição ainda inimagináveis a vocês. Imaginem essa vida completamente fora das grosseiras percepções que têm na carne. Concebam o zênite que se alcançará um dia na escalada evolucional e tenham a certeza de que, neste momento consciencial, talvez seu orbe não mais exista da forma como é compreendido na matéria. Os imensos abismos do futuro nada são diante da vida imortal do espírito. A grandeza do processo evolutivo traçado pelo Criador, as relações entre os diversos planetas e a interdependência existente são suficientes para expor a imaginação comum a um exercício que põe à prova as atuais capacidades intelectivas e de abstração, tão apegadas às formas e à linearidade do conceito espaçotemporal.

As consciências dos cidadãos se libertam gradativamente. Os cientistas terrenos já identificaram no cérebro as áreas que fazem o contato místico do homem com a totalidade do Universo. O mapeamento do modo de atuação das sinapses e dos circuitos cerebrais que ativam os sentimentos ligados à Espiritualidade e ao mecanismo do transe mediúnico levará a ciência convencional a constatar que o ser humano está equipado e capacitado para ter contato direto com o mundo extrafísico. Isso acarretará um diagnóstico de certeza quanto às profundas alterações psicofisiológicas orquestradas pela epífise ou glândula pineal. Esse será o primeiro passo que levará a outros, à descoberta do corpo etéreo e do corpo astral, quando se dará grande avanço na experimentação mediúnica por meio do envolvimento médico, impulsionando-se o aspecto científico da Doutrina Espírita, tão esquecido no meio mais ortodoxo, de ênfase religiosa ainda necessária para alguns, mas dispensável num futuro próximo, em que haverá um equilíbrio no seu tríplice aspecto: filosofia, ciência e religião.

Aumentará a longevidade dos cidadãos terrícolas. O corpo físico, empréstimo divino para a experimentação do princípio espiritual na matéria mais densa existente nesse orbe, será mais cuidado com a maior conscientização, embora continue permeando os vícios e exageros na coletividade.

Os estragos do fumo e do álcool, aliados à vida sedentária e ao excesso de comes e bebes, degradam o envelhecimento saudável. O corpo atinge a capacidade vital máxima aos 25 anos, em média, e a partir daí começa a declinar, evidenciando o início do processo que leva a organização fisiológica ao deperecimento. Há perda gradativa de massa óssea e inicia-se a queda hormonal. O metabolismo se torna cada vez mais lento. Diminui a capacidade respiratória e muscular, e os humanos, pelas facilidades da vida hodierna, têm grande propensão a engordar.

Os bons hábitos não adiam seu momento de desencarne, mas os maus podem antecipá-lo, levando às condutas que ocasionam o suicídio indireto. Há sete comportamentos que podemos citar que levam a uma vida mais saudável e feliz: não fumar, não beber (ausência de quaisquer vícios), manter atividade física regular, estudar sempre, manter as emoções estáveis, ser otimista diante da vida e ter uma atividade espiritual.

A agitação e os excessos da vida contemporânea dificultam enormemente a interiorização, o voltar-se para dentro de si e serenar os ânimos. Procurem encontrar Deus e encontrarão as respostas. Madre Teresa de Calcutá trabalhava pelo bem-estar "dos mais pobres entre os pobres". Ela se orientava pela sabedoria esotérica: "Ousar, querer, agir e permanecer em silêncio". Em momento de inspiração mediúnica, escreveu:

"Nós precisamos encontrar Deus, e Deus não pode ser encontrado no barulho e na agitação. Não podemos nos colocar diretamente na presença de Deus sem que nos imponhamos silêncio interno e externo. É por isso que devemos nos acostumar com o silêncio da alma, dos olhos e da língua. Não há vida de oração sem silêncio. Tudo começa com a prece que nasce no silêncio dos nossos corações. Os contemplativos e ascetas de todas as épocas e religiões encontraram Deus no silêncio e na solidão do deserto, das florestas e das montanhas".

O Mestre Jesus, quando necessitava orar a sós, buscava a comunhão com a natureza e, no Monte das Oliveiras, nos momentos mais conflituosos de sua estada terrena, sob a vibração que tocava sua alma e o enorme amor pela humanidade, que o fazia arder por dentro, buscou a assistência do Alto, sendo envolvido por indescritível emoção e paz naqueles instantes tão difíceis que precederam ao calvário da cruz.

Ramatís

Vida e clonagem

Em determinada fase da evolução do espírito e de acordo com seu estágio de consciência, a existência não permite a opção do livre-arbítrio. Os efeitos preponderam, levados de roldão pelos instintos primários, como corredeira em queda-d'água empurrando fino graveto em reviravolta, não se trabalhando no campo consciencial e do discernimento as causas geradoras. Nessas ocasiões, exceto em circunstâncias peculiares, em espíritos mais evoluídos do que o contexto histórico do carma coletivo, as criaturas se deixam conduzir como joguete das causas estabelecidas. O desenvolvimento e o avanço nos longos e numerosos degraus da ascese ocorrem por ação e reação, fluxo e refluxo, como os demais processos da natureza, oscilantes numa luta entre os apelos da matéria e os do espírito, entre o mal e o bem. Muitas vezes, é necessária a prevalência do mal por um determinado período para que o bem se instale perenemente ao final do embate.

Um iluminado, em decorrência do seu degrau evolutivo, embora muito longe de constituir uma sumidade suprema e divina na Espiritualidade, e não sendo de maneira alguma onipotente, encontra-se num caminho estreito, muitas vezes com espinhos dilacerantes e cercado de areia movediça. Pode atuar com destaque na sua missão terrena, qual jardineiro que faz melhorias num jardim, apara a grama e pinta a cerca, mas as flores e plantas, nas suas formas e cores, nas suas diversas espécies e tipologias, continuarão sendo rosas ou dálias, margaridas ou gerânios, violetas ou crisântemos.

A atuação se faz por meio do carma coletivo e individual, a menos que se suspenda a Lei de Causalidade que rege a harmonia no Cosmo, invariável e imutável, pois é perfeita, tendo sido idealizada pela mente do Criador. O homem nascido na matéria densa, a ocupar momentaneamente uma vestimenta carnal, é consequência do mal ou do bem praticado. Qual a culpa moral de um cego ou aleijado, de um demente ou canceroso? Essas circunstâncias nada mais são do que efeitos de vidas passadas se constituindo em causas na vida presente, que, por sua vez, determinarão as condições futuras da vida do espírito.

A origem do mal ou do bem, por mais que procurem externamente os diversos filósofos, espiritualistas e religiosos terrenos, está dentro de cada um. A semelhança física na parentela carnal é um mero acaso. Seria extravagante e contrariaria a Suprema Sabedoria se uma alma, qual faísca de uma bigorna, não tivesse nenhuma anterioridade espiritual e terminasse com a dissolução do corpo físico, ou, por benevolência misericordiosa, fosse perdoada e ficasse a observar os anjos em êxtase ou, sem essa concessão do Altíssimo, se deslocasse para os caldeirões fumegantes, de enormes labaredas, no inferno vitalício.

As anomalias que causam maiores perplexidades não têm solução às custas de qualquer sacrifício religioso se destituído de ações e de mudança interior. Não há injustiça, mesmo no dano sem merecimento ou nos benefícios concedidos aos empedernidos no mal. Quando os há, é por submissão de um coração bondoso diante do prejuízo próprio ou por meio da intercessão por outrem.

Dessa maneira, lentamente, a ciência vai ficando menos submissa, menos esquiva em seu relacionamento com os dogmas religiosos.

Nas últimas décadas, a Genética e a Biologia Molecular comprovaram que os homens são um pequeno universo, conjunto que abriga vírus e bactérias. Os genes do cidadão terrícola não são exclusivos[1], demonstrando o amor do Pai por todos os Seus filhos, do vírus ao anjo, da bactéria ao arcanjo, sem distinções no limiar evolutivo individual da centelha espiritual.

Na história da humanidade e em todas as sociedades que se estabeleceram no orbe, os "diferentes" sempre foram vistos com suspeição. É o apego à tradição, ao convencional, rejeitando hábitos e ideias inovadoras, qual sótão empoeirado e escuro em que não entram a brisa arejante e os raios solares. As civilizações que não mudaram seus conceitos desapareceram ou encontram-se em fase de completa extinção no orbe terrícola. O dilema é semelhante ao da mutação genética, que quase sempre é danosa, mas fornece a variabilidade que permite à espécie se adaptar ao meio hostil e evoluir.

A tecnologia genética colocará a civilização diante de sérios julgamentos. Esses novos recursos da ciência médica estão previstos pelos engenheiros siderais e geneticistas cósmicos responsáveis pela planificação do aprimoramento do corpo humano, um dos veículos de manifestação do espírito. A manipulação genética deve ser aplicada para fins terapêuticos ou curativos ou para realizar novas descobertas que gerem maior bem-estar ao homem da Nova Era. A decodificação do genoma permitirá diagnósticos e intervenções precisas nos processos de desenvolvimento do organismo humano.

Os testes da chamada Biologia Molecular permitirão indicar tendências genéticas para a demência, depressão, o câncer ou as doenças cardíacas, por meio da análise do DNA – ácido desoxirribonucleico. A ciência médica passará da detecção laboratorial das patologias estabelecidas ou raras para o vasto caminho da prevenção. Aliando-se essas diagnoses ao estudo e análise do estilo de vida e predisposição no grupo consanguíneo, será possível intervir ou

---

1 Nota do autor: as últimas constatações da Genética são de que os genes humanos não são exclusivos, conforme conclusão do Projeto Genoma.

adotar medidas preventivas. A prevenção baseada na Genética é o caminho da Medicina do futuro, e isso vem ocorrendo gradativamente.

As especulações destituídas de quaisquer interesses altruísticos e de amor ao próximo quanto à criação mediante reprodução assexuada, o que vocês chamam de clonagem, por meio da enxertia da célula de um indivíduo no óvulo em desenvolvimento, demonstram a imaturidade consciencial e a excessiva vaidade de alguns pesquisadores terrícolas. A ética cósmica deverá ser preservada, principalmente nos aspectos relacionados à Criação. O que não pode ser desconsiderado é o espírito imortal que anima o corpo físico. Nenhum avanço no campo da experimentação científica exclui o carma coletivo ou individual. A comunidade terrícola ainda terá grandes embates no campo filosófico, ético e religioso quanto a esses aspectos por causa da baixa moral de muitos dos seus habitantes.

A evolução do corpo deve ser decorrência da evolução moral do espírito. Qualquer violação, mesmo que momentânea, dos princípios reencarnacionistas e da Criação, diante da perfeição absoluta do Criador e de Suas Leis, possibilitará consequências graves. Nessas pesquisas, enquanto os cientistas estiverem comprometidos com interesses pessoais, de projeção e *status*, filhos do egoísmo, desvinculados do engrandecimento e do amparo aos demais terrícolas, poderão ser gerados corpos inanimados, sem o princípio espiritual, com deformações pela ausência do modelo organizador biológico, consequência que acompanha a força centrípeta do corpo perispirítico; igualmente correm o risco de serem um monte de carne inerte, monstros sem mente.

A preponderância do mal, por determinado tempo, levará à prevalência perene do bem no final. O deslumbramento dos cientistas com as descobertas, considerando-se deuses e destituídos de ética e interesses amorosos, será uma forma de exaltação temporária do mal sobre o bem, necessária à reflexão e ampliação dos conceitos éticos e morais dos líderes e autoridades terrícolas, que poderão interceder e estabelecer regras aos demais. A humanidade do Terceiro Milênio e seus governantes não permitirão mais esses descalabros, quais os campos de concentração da Segunda Guerra Mundial e suas diabólicas experiências de aprimoramento racial. Naquela época, o carma coletivo contemplava esses expurgos retificativos, visto que muitos daqueles sofredores e objetos das experiências foram terríveis e frios assassinos em existências passadas.

Considerando-se, porém, que está autorizado pelos Maiorais da Espiritualidade e previsto pelos engenheiros e geneticistas siderais que a ciência terrícola conseguirá os requisitos básicos indispensáveis para a expressão da vida por meio da clonagem humana, o princípio espiritual se utilizará da oportunidade e reencarnará, nunca um idêntico ao outro, visto que são individualidades, com conquistas que os caracterizam ao longo da extensa jornada evolutiva.

O que se deverá ter como utilidade no atual estágio evolutivo e moral da humanidade é a troca de órgãos sem rejeição, possibilitando-se o armazenamento em baixas temperaturas desses enxertos em semelhança de frequência vibratória entre o doador da célula-mãe e os diversos receptores, trazendo o alento para as criaturas enfermas. O domínio da reprodução das células indiferenciadas do organismo em laboratório – as chamadas células-tronco –, que são capazes de formar tecidos do cérebro, do coração, do fígado e de outros órgãos, não contrariando os princípios de criação e reprodução da vida, partícipes da Cosmogênese e prerrogativas da natureza e da Divindade Suprema, propiciará a cura de doenças neurovegetativas, como o mal de Alzheimer e de Parkinson, bem como de enfermidades atualmente irreversíveis, como a osteoporose, a artrite, o diabetes e as distrofias musculares.

Retornemos às informações contidas nos testes de DNA, que traçam predisposições mórbidas do equipo físico ao longo da jornada terrena. Se não se alterarem os pensamentos geradores das distonias mentais, que intensificam os desarranjos vibratórios de vidas passadas em determinados locais e órgãos do corpo astral ou perispirítico e que repercutem no físico, concretamente de nada adiantarão essas informações e recursos. Uma predisposição de câncer no pulmão pode ocasionar, ao longo da existência terrena, um câncer de fígado, qual mecanismo de compensação no desarranjo vibratório perispirítico, caso não se alterem os pensamentos e, como se fosse uma força centrípeta, se altere a disfunção vibrátil localizada nesse outro corpo mediador.

Ocorre que a ciência despreza e desconhece a força dos pensamentos e os sete corpos mediadores do princípio espiritual. Os pensamentos são gerados pelo espírito, que é a inteligência, a vontade, e seus sentimentos e ideias se transformam num fluxo pensante. Oriundos do eu mais profundo, a centelha espiritual, fluem por meio dos sete corpos mediadores – átmico, búdico, mental superior, mental inferior, astral ou perispirítico, etéreo e físico –, como se fossem sucessivas camadas, desde o psiquismo mais profundo. Percorrem todos os níveis energéticos envolvidos, do mais sutil e rápido para o mais denso e lento, até alcançar a matéria pesada, grosseira e de baixa vibração, interferindo na vida do espírito com o meio que o cerca, pois influenciam atitudes, comportamentos e, consequentemente, o modo de ser.

O cérebro físico, comparável a um transformador de voltagem, reduz a frequência das ondas psíquicas que procedem do corpo astral – que está associado com os demais corpos mediadores –, mente não física, só chegando até os neurônios e às sinapses cerebrais ao final de um encadeamento redutor, sendo o corpo etéreo a última cadeia antes do equipo físico.

Diante da dificuldade de demonstração prática, exemplificamos precariamente o melhor entendimento: o espírito é a "memória principal" de potente computador hodierno e que processa todas as informações; a mente é um "disco rígido" com grande capacidade de armazenamento, e o cérebro físico é um simples "disquete" que vai sendo trocado por outro e arquivado conforme fica cheio, simbolizando a mudança de vestimenta carnal nas diversas experiências na carne, das várias personalidades que a individualidade vivencia em muitas encarnações. Essas informações ficam registradas na memória principal ou espiritual e são necessárias para a reforma íntima de cada pessoa, conduzindo-a, por meio de passos seguros, ao aprendizado exigido para a ascensão evolutiva.

A existência não se resume à vida na carne, portanto não se deve desconsiderar a memória integral do espírito. As várias personalidades vivenciadas contribuíram para a sua individualidade em formação, sendo que as experiências necessárias, retificadoras, terão que ser obtidas nas encarnações. Os desarranjos vibratórios, as etiologias de várias desarmonias que aparecerão no campo físico ou psicológico do encarnado, são remédios muitas vezes amargos, mas primordiais para a educação retificativa do espírito milenar. Apagar registros de memória referentes a ressonâncias cármicas, em especial os que envolvem processos obsessivos de várias vidas, seja por meio da hipnose ou de qualquer outro método terapêutico ou mentomagnético, não isenta os espíritos em questão, obsediado e obsessor, dos seus carmas. Isso pode aliviá-los momentaneamente da retificação numa determinada encarnação, prorrogando-a para outra ocasião existencial. Claro está que situações traumáticas que demarcaram intensamente o psiquismo de profundidade, como desencarnes abruptos e acidentes violentos, no mais das vezes, não são repercussões cármicas, pois não há um determinismo na Lei de Causalidade que rege o Cosmo, e a própria condição de existência no planeta impõe situações inesperadas e que estão desvinculadas do exercício do livre-arbítrio e de ingerências cármicas.

A Técnica Sideral é eficiente, justa e correta, visa aflorar o sentimento amoroso nos corações áridos e não age somente de acordo com o delito do passado. A Divindade não é sádica ou cruel com Seus filhos, e a Lei do Carma não se baseia no "olho por olho, dente por dente". As provas retificativas estão de acordo com a capacidade do cidadão e sua sensibilidade psíquica. O fardo a ser carregado estará em conformidade com as forças de quem terá que o suportar e, se houver falha ou insucesso, será por falta individual, e não por excesso do Alto. Na maioria das vezes, o cidadão recai nos seus condicionamentos inconscientes, que jazem ainda não resolvidos nos porões escuros do psiquismo mais profundo do espírito. Não se apagam as anotações na ficha cármica, registradas fielmente pelos psicólogos e mestres responsáveis por esse desiderato no Astral, sem merecimento, sentimentos e ações correspondentes.

Lembrem-se de que os efeitos de suas ações e estados mentais permanecem e são colhidos na vida do Além, por isso tenham consciência de que semelhante atrai semelhante. A diferença entre o veneno e o remédio não está só no princípio ativo da formulação, mas também na dosagem, e cada um é responsável pela dose que impõe a si mesmo no educandário do espírito em ascensão, principalmente durante a prova disciplinar que é a experiência na carne. A Lei do Carma, na sua relação de causa e efeito, qual instrumento de precisa medição, dosa em amplos e extremos opostos desde os sentimentos mais elevados até os piores e arcaicos derivados do egoísmo.

Estando vocês ou não encarnados, haverá o posterior ajuste, necessário ao equilíbrio. Terão que suportar o mecanismo de ação gerado no "lado de cá" da existência, de largo espectro, abrangendo situações de restabelecimentos sublimados por um lado ou até de padecimentos mórbidos por outro, sendo que a extinção das causas de tão deprimentes experiências só pode ser alcançada em novos mergulhos no oceano da matéria densa, qual escafandrista no fundo do lago de águas revoltas e turvas.

Em todas essas questões cármicas, muitas vezes, há a intercessão de um espírito merecedor, independentemente do arrependimento ou mudança dos envolvidos, que continuarão sua caminhada evolutiva e, com certeza, saldarão seus débitos na balança da vida em outros momentos existenciais.

Ramatís

Observações do médium

Quanto aos efeitos de nossas ações e estados mentais, que permanecem e são colhidos na vida do Além, recentemente, num trabalho mediúnico no grupo de Apometria, apresentou-se uma entidade guardiã de organização trevosa, responsável por vigiar sistematicamente uma irmã encarnada, cuidando para que não houvesse auxílio em seu favor e contribuindo para a intensificação do quadro de doença que a atormentava. O dirigente dos trabalhos, percebendo a inutilidade da conversação evangélica com aquele irmão, cristalizado no mal há séculos, e muito receoso de possíveis retaliações dos magos negros, líderes do clã do qual a entidade era soldado escravizado, avisado por um médium vidente, desdobrado, sobre o estado lastimável daquele espírito, estabeleceu forte contagem de pulsos magnéticos até sete, induzindo-o ao sono reparador, visto que ele não se encontrava em condições de avaliar a ajuda que lhe era oferecida. Como fazia décadas que não dormia, o espírito acabou se deixando envolver no magnetismo animal dos médiuns e adormeceu, permanecendo imantado comigo, "nutrindo-se" de meus fluidos ectoplásmicos e recompondo-se na sua forma perispirítica, uma vez que tinha sérias deformações e estava perturbado e "desnutrido".

O trabalho não terminou aí, estava apenas iniciando-se. Duas noites após esse atendimento, o caboclo Pery, índio pele-vermelha e meu protetor espiritual, aproximou-se e, da maneira que lhe é peculiar, ou seja, em poucas palavras, desacoplou o irmão em atendimento do meu campo áurico, colocando imediatamente diversos fitoterápicos astrais em volta do meu corpo astral. Depois, desceram do alto ao meu encontro sete argolas, da maior para a menor, das quais fiquei no meio, posicionando-se a maior na base e a menor no alto da minha cabeça. Em seguida, as argolas se abriram, formando uma espécie de blindagem à minha volta. Interessante foi a maneira como elas se fecharam numa espécie de cápsula metálica, tal qual uma astronave, lembrando uma espécie de triângulo. Logo após, tomaram a forma exata do meu campo energético, como se fosse um grande ovoide que me absorvesse, havendo uma integração completa.

Entendi que os fitoterápicos astrais haviam sido utilizados para o meu restabelecimento, pois eu estava fraco pela baixa vibração e doação bioenergética ao irmão que se encontrava comigo. De imediato, não percebi o significado da blindagem ou encapsulamento, mas fui intuído de que aconteceria algo e de que aquilo era para meu bem-estar e proteção. Como sempre, o caboclo Pery quase nada disse, e já me encontrando acostumado com seu jeito sério, austero, disciplinado, que impõe respeito, mas no fundo bastante amoroso, confiei no porvir.

Naquela mesma noite, vi-me conduzido em desdobramento astral, estando Ramatís a nos acompanhar em corpo mental. Como de hábito nesse tipo de incursão nas baixas zonas umbralinas, ele não poderia ou não queria rebaixar sua frequência vibratória em corpo astral, algo trabalhoso pela sutileza das suas vibrações, e, como sempre, não me foi informado o motivo e também não perguntei.

Percebi claramente os pensamentos de Ramatís, e assim fomos a um local em que vários irmãos estavam aprisionados e eram torturados. O lugar era fundo, cercado de íngremes paredes rochosas, muito árido, sufocante, fétido, de baixa luminosidade e visibilidade, de onde escorriam tênues filetes de água pútrida por meio de valetas. O bando de espíritos sofridos e torturados se jogava ao chão, gritando, grunhindo, mordendo, arranhando uns aos outros e brigando, numa visão grotesca e chocante, como se fossem lobos a matar lobos para molhar a língua.

Ramatís explicou-me, em detalhada exposição, as técnicas de tortura psicológica que os magos negros, seus guardiões e soldados vigilantes adotam para convencer os irmãos incautos a se tornarem vítimas dos seus intentos malévolos petrificados no ódio desde suas últimas encarnações, levando-os a cair na malha desses escravizadores de criaturas, praticamente sem saber que estavam desencarnados. Gradativamente, eles começam a acreditar que realmente são animais, num processo lento de licantropia, pois se veem na forma de lobos em decorrência da plasticidade do corpo astral, atendendo aos interesses da organização trevosa.

Até então, tudo era inusitado para mim naquela experiência. Não tive conhecimento prévio de nada e assim continuou. Repentinamente, me vi sozinho, não sentindo mais a "presença" e o envolvimento de Ramatís, e deparei-me "conversando" com um mago negro de grande poder. Embora não pudesse vê-lo, sentia fortíssima indução, percebendo que estava em faixa mental perigosa, que poderia até me desequilibrar.

No "diálogo" estabelecido, aquela "mente privilegiada" em conhecimento mostrou que me conhecia profundamente, muito mais do que eu próprio, e em muitas das minhas encarnações passadas. Mostrou-me tudo que eu poderia adquirir e possuir se nos juntássemos, pois tínhamos sido antigos comparsas. Poderia ter muito dinheiro, posses, *status*, poder junto aos homens e prometeu-me ainda que tal situação continuaria no Além, em locais paradisíacos, de mulheres belíssimas, lânguidas, sensuais, que me serviriam pelo tempo que desejasse, e eu teria a opção de escolher se reencarnaria novamente para uma vida medíocre e limitada na matéria.

Argumentava que isso era o bom de "estar" em espírito e garantia que tão cedo não voltaria à carne. Por fim, mostrou-se muito belo, alto, refinado, cabelos loiros curtos, forte e modernamente trajado em terno de fino tecido, com anel de grande pedra vermelha na mão direita; segurava uma pequena vareta com uma bola de pedra escura, negra, em uma das extremidades. Ironizou as deformações perispirituais daqueles que estão há muito tempo sem encarnar; disse-me que estava há mais de mil anos sem contato com a carne e se encontrava cada vez mais belo e poderoso, sem qualquer dano causado pelo magnetismo do orbe. Ofereceu-me sociedade em sua organização e disse-me que eu teria a metade de todo aquele poder porque reconhecia em mim seu antigo comparsa e sócio do passado, mas que eu deveria começar imediatamente e tornar-me sua extensão na crosta terrestre, seu canal mediúnico para implementação de grande plano de dominação e conquista, que me propiciaria enorme projeção no meio dos homens limitados, por outros caminhos no exercício da mediunidade, que deveríamos adotar.

Quando senti que estava quase cedendo ao seu gigantesco poder hipnótico, lembrei-me de meus filhos, da dedicação de minha esposa para com a nossa família, elevei o pensamento e roguei a Deus forças para que continuasse no trilho da caridade que havia aceito antes de reencarnar e que não sucumbisse, pois não poderia falhar nos compromissos assumidos no Astral, sentindo-me envergonhado pela minha fraqueza diante daquele mago hipnotizador. Num "piscar de olhos", voltei ao corpo e acordei assustado, mas com a consciência tranquila, sabendo que tinha passado por grande provação.

Entendi finalmente tudo o que havia acontecido: os grandes ensinamentos vivenciados, as decisões tomadas sozinho, o apoio e as orientações recebidas dos amigos espirituais. Em determinado momento, somente o meu livre-arbítrio poderia prevalecer e, justamente nessa ocasião, me havia mostrado frágil e indeciso. Compreendi que sem aquela blindagem – as sete argolas protegeram vibratoriamente os sete corpos mediadores – me desequilibraria ou adoeceria ao retornar aos corpos físico e etéreo por causa dos fluidos deletérios dos locais onde estive. Sem auxílio, jamais teria condições de tal viagem, até porque o planejado era que, diante da minha negativa à proposta feita, se realizasse um ataque definitivo para que eu desencarnasse, provavelmente pela ruptura do cordão de prata, sendo capturado em corpo astral e feito prisioneiro daquela organização.

Criação e cosmogênese

O instinto de todos os organismos vivos é a sobrevivência. A evolução das espécies se deu, originando o psiquismo dos homens, decorrente desse primarismo. Em suas diferentes expressões, chegou-se ao egocentrismo e ao antropocentrismo, determinando a necessidade de preservação, em que a parte mais importante do Universo era o eu: "se eu deixar de existir, tudo perde o valor". Na evolução histórica da humanidade, no seu período ingênuo e mais narcisista, os homens eram os reis dos animais, feitos à imagem e semelhança de Deus, e a Terra, o quintal da sua morada, o centro do Universo. Doce ilusão, pois, se não fossem os diversos e incontáveis microrganismos que vivem no corpo hominal do terrícola, não teriam uma vida saudável e sucumbiriam. Sem desmerecimento, vocês são uma espécie parasita, decorrência do altruísmo do Pai para com todos os Seus filhos.

A desmistificação dessa perspectiva infantil foi longa e dolorosa. Demorou alguns milhares de anos, mas os atavismos permanecem no psiquismo humano mais profundo, nos calabouços escuros e empoeirados do inconsciente, como se fosse musgo putrefato no fundo de região pantanosa.

Agora, nas últimas décadas, a Genética e a Biologia Molecular comprovam que nem sequer seus genes são originais, visto que participam de um conjunto genético com vírus e bactérias. Nesses momentos, em que novos conhecimentos são trazidos a todos, neste início de Terceiro Milênio, muitas vezes a ira do Criador é invocada contra os propaladores e defensores de novos conceitos. Esquecem facilmente que o Pai, esse mesmo Criador que invocam contra seus irmãos, em decorrência de impulso primário latente desde a época mais remota das guerras tribais e fratricidas, trata todos os Seus filhos com equanimidade, do vírus ao anjo, da bactéria ao arcanjo, sendo que todos serão partícipes dos processos criativos e da Cosmogênese um dia.

Os cientistas terrícolas estão descobrindo todo o mistério dos genes. Essas partículas estão no limiar entre o mundo físico e o mundo espiritual. É como se fossem elos, ligando vibratoriamente essas duas correntes, sendo o corpo perispirítico o mediador vibracional com o vaso carnal desde o momento da concepção. Como a ciência começa a dar os primeiros passos que descortinarão amplamente o processo criativo de um novo corpo físico, há um certo deslumbramento e um espanto geral, encontrando-se os terrícolas estarrecidos pelas especulações sobre o que chamam de clonagem. As técnicas científicas ainda não dispõem de aparelhagem sensível à fenomenologia do metabolismo perispirítico, e não estamos autorizados por nossos Maiorais a adentrar em detalhes elucidativos nesse campo que ultrapassem o atual nível de conhecimento humano.

A formulação e exposição de ideias na área científica não prescinde da experimentação, amparada por métodos de pesquisa comprobatórios amplamente aceitos, movimentando os conceitos do campo restrito das evidências e deslocando-os para a amplitude das comprovações. Poderia um cientista conceber a luz somente olhando para o fio de cobre? Ou saber realmente se o horizonte do oceano se acabava em si, qual queda-d'água em cachoeira, se não se desbravasse o mar com as caravelas?[1]

---

[1] Nota do autor: diz Emmanuel: "Os laboratórios são templos em que a inteligência é concitada ao serviço de Deus e [...] o progresso da ciência, como conquista divina, permanece na exaltação do bem, rumo ao glorioso porvir" (Nos domínios da mediunidade, de André Luiz/Chico Xavier – FEB).

O que a ciência precisará formular, utilizando-se dessas experimentações, até onde se consegue atingir o conhecimento necessário às novas manipulações da vida e da reprodução, são os valores que conduzirão os critérios de pesquisa dentro de limites éticos e morais, não se contrariando os princípios derradeiros da Cosmogênese e da vida.

As novas tecnologias que chegam só ocorrem porque está previsto para o homem o acesso a elas pelos engenheiros, geneticistas e técnicos siderais, responsáveis pela evolução do organismo humano no orbe, não existindo acasos. É o primeiro indício do que ocorrerá com o evo dos tempos. Nesses processos, quando a ciência conseguir meios que facultem a reencarnação do espírito, ele se fará presente. A fecundação *in vitro* não substituiu perfeitamente o organismo humano? Não há motivos para todas as preocupações e especulações prematuras, como crianças diante da primeira feira de ciências. O Espiritismo deve estar profundamente vinculado à pesquisa, à investigação, à ciência por meio do seu trabalho intérmino, contribuindo para o processo da evolução. Qualquer comentário contrário de algum ativista mais exaltado, tecendo julgamento precipitado quanto ao que está ocorrendo no momento atual da humanidade, não corrobora verdadeiramente o tríplice aspecto do Espiritismo e o que está planejado pela Espiritualidade para a descida de novos conhecimentos, da fonte inesgotável em saber do Altíssimo.[2]

Os espíritos habitam em diferentes orbes. Pelo estágio evolutivo e moral dos terrícolas, existem muitos outros mais adiantados, e, consequentemente, os "corpos" que esses espíritos ocupam temporariamente também o são. Nessas paragens, outras partículas na

---

2 Nota do autor: "À ciência cabe a tarefa dos fenômenos científicos. O Espiritismo não se envolverá nessa pesquisa científica. O Espiritismo aceita tudo o que a ciência comprova, mas não se detém onde a ciência para. O Espiritismo estuda as causas, enquanto a ciência estuda os efeitos. No dia em que a ciência provar que os espíritos estão errados num ponto que seja, abandonaremos esse ponto e seguiremos a ciência", como bem esclareceu Allan Kardec na época da codificação da Doutrina Espírita.

imensidão do Cosmo infinito, a reprodução não se dá exclusivamente ou tão somente pelo intercurso sexual nem a gestação é igual à terrena.

O corpo físico é vestimenta transitória do espírito, como veículo de manifestação na forma, contribuindo com a constituição das várias personalidades, em incontáveis encarnações, que forjam a individualidade. A gestação é maneira sábia de aproximar espíritos discordantes, muitas vezes inimigos, aproximando-os do caminho do amor, assim como o é a parentela física e a relação de consanguinidade. O corpo mais denso, material e físico, bem como sua reprodução, serão sempre proporcionais aos níveis vibratórios dos espíritos reencarnantes.

Nesses grãos infinitesimais diante da infinitude cósmica, o amor é perene, os seres são altruístas, não sendo mais necessário o processo gestacional como o concebido no planeta Terra, que os aproxima obrigatoriamente um do outro quando estão no corpo transitório e dispensável. Nesses locais, o importante são os espíritos e os sentimentos elevados que os unirão, tornando dispensável a imposição da parentela física e da consanguinidade, como meio justo que foi adotado para o resgate amoroso de desafetos renitentes e inimigos que se odiavam.

Há outras maneiras de os espíritos compartilharem suas existências na família carnal que não seja pela imposição dos parentes e a relação de consanguinidade, semelhantes aos nascimentos sucessivos como vocês entendem, e que não contrariam a Lei de Causalidade que rege o Cosmo, os princípios reencarnacionistas e a Lei do Carma. No processo ascensional, o espírito imortal, nas diversas estações do ciclo carnal, pegará condução no transporte ao aprimoramento, podendo-se dizer que a vida rudimentar se dissolve em favor da vida superior, assim como o adubo da terra desmancha-se no solo, restituindo a beleza das espécies nascentes, da vegetação nova e verdejante, oxigenando a vida superior que paira a sua volta.

Sempre que se violenta uma Lei Natural, de Deus, sofre-se o efeito. Observem que na salamandra, quando sua cauda é amputada, ela se reconstrói. Em alguns répteis, repete-se o fenômeno por automatismo da natureza. Toda vez que retiramos um ramo de uma árvore, ela repete a imagem inicial. São fenômenos que ocorrem naturalmente, em equilíbrio. Quando o homem tenta subverter a ordem natural e os interesses não são altruísticos, as ações geradas acomodam-se imediatamente nos efeitos regidos pelas leis cósmicas. Como exemplos, estão o ecossistema da Terra comprometido e o orbe sofrendo as consequências climáticas. A bomba atômica sobre Hiroshima e Nagasaki não saiu da memória planetária, e vocês ainda sofrem com o terror da fissão nuclear para fins não humanitários e suas terríveis sequelas. No entanto, aí está a tecnologia atômica para a paz e para o soerguimento dos terrícolas. Saibam que o veneno mata e também cura. As intenções e o direcionamento das ações da criatura humana são o que ocasionam as causas correspondentes.

Nas inúmeras concepções que ocorrem de forma natural diariamente, na face do orbe, nem todas serão concluídas no processo gestacional completo de novo ser humano. O número de gestações é sabidamente menor que o de fecundações, ou seja, nem todo embrião nida – se fixa ao útero –, não sendo o Criador injusto diante desse fato, em tudo havendo uma causa justa, pois é fruto da perfeição do Pai, que a todos ama soberanamente.

São naturais, no estágio de evolução em que vocês se encontram, os posicionamentos com reservas e algo assustados contra os avanços da ciência e da tecnologia. Quando os primeiros tratores chegaram às pequenas e distantes cidades do interior, houve os que esconderam os filhos sob a cama, pois o "demônio" estava entrando na comunidade, assustando a vizinhança.

Os cientistas terrenos não conhecem todos os fatores que determinam o êxito ou o fracasso do que chamam de clonagem, nem a importância que tem cada fator genético envolvido. As falhas de desenvolvimento da placenta são muito frequentes e provavelmente resultem em erros nas funções de outros genes implicados no desenvolvimento da rede de vasos de outros sistemas e órgãos. O que não poderá ocorrer é a experimentação sem propósitos altruísticos, sem motivos caridosos, éticos e morais, contrariando-se os princípios divinos e naturais da Cosmogênese relacionados com a concepção, a reprodução e a vida dos seres humanos. O fato de haver milhões de gestações que não dão certo diariamente, em que os embriões naturalmente não se fixam na parede uterina, não justifica a atitude insana e desproporcional de alguns cientistas terrenos.

Como dito alhures, infelizmente, pelo estágio de baixa moralidade ainda vigente na coletividade planetária, ainda é necessária a preponderância do mal por determinado tempo, levando à prevalência perene do bem no final. As pesquisas secretas que os cientistas terrenos estão fazendo, preocupados com suas veleidades e vaidades, são previstas e justas dentro da Lei do Carma. Muitos dos embriões que serão utilizados nessas pesquisas terão acoplados espíritos que foram igualmente frios pesquisadores em outros momentos existenciais e que agora devem expurgar na própria carne os efeitos das experiências cruéis realizadas anteriormente. Muitos outros foram grandes propagadores do aborto e, da mesma forma, aceitaram passar pela retificação, sentindo na carne as consequências de seus atos passados.

Alguns homens gostam de brincar de Deus, incorrendo no erro histórico da prepotência humana. Vocês têm a memória curta. Lembrem-se dos campos de concentração nazistas, da escravidão que ainda existe no orbe, de todos os abortos que ainda são praticados por médicos bem situados na sociedade, a pedido de donzelas conceituadas nas altas classes e que muito podem pagar, da esterilização maciça das índias, da exploração das crianças, da prostituição e de todas as mortes ocasionadas pela fome no mundo, do racismo, da intolerância entre as pessoas e da xenofobia, da ausência de legislação disciplinadora quanto à exploração da fauna e da flora, somente citando alguns fatos e não querendo tornar-nos assaz repetitivos.

Não desviem suas consciências diante do novo, e sim lembrem-se de que o mal ainda muito prepondera em seu orbe, como forma retificadora da coletividade, justamente previsto pela malha cármica coletiva, sendo unicamente efeito dos atos cometidos pelos próprios homens, em toda a história da humanidade, e para estabelecer o bem perenemente mais adiante.

O espírito eterno que habita momentaneamente o frágil vaso carnal, a Chama Crística, tem todas as potencialidades cósmicas do Criador. É a miniatura do próprio Cosmo, reino de Deus, microcosmo do macrocosmo. É pedra bruta destinada a ser diamante, que se lapidará nos milhões ou bilhões de anos necessários para a subida de todos os degraus da escada evolutiva, sublimando o amor com as experiências e equívocos, ódios, dissabores, tragédias, encontros e desencontros, alegrias e venturas. O Mestre Jesus assim o sabia, pois afirmou: "Vocês são deuses".

Ramatís

Consciência cósmica

Os diferentes níveis vibratórios do Cosmo fazem com que no plano físico – o mais grosseiro e lento – a percepção do Absoluto fique obnubilada e restrita, qual janela embaçada em noite de densa neblina. A manifestação do Pai está em tudo que vocês possam imaginar, embora em essência seja imanifesta, confundindo-os pela estreiteza das percepções de seu corpo carnal.

A diversidade de fenômenos que integram a vida em suas múltiplas formas não representa, numa primeira e precipitada análise, a intervenção direta do Absoluto em tudo. É impossível separá-Lo como se fosse um compartimento estanque. Na verdade, a mesma Consciência Cósmica em tudo está[1], sendo que a realidade que fundamenta cada faixa vibracional permanece inalterada em todos os seus aspectos, separada desse Todo, mas a realidade que a origina está em tudo no Universo, mesmo nas nuanças mais sutis.

A fonte integrada de tudo no Universo, a Consciência Cósmica, faz com que compreendam como o Criador pode criar ininterruptamente séries sem fim de universos, galáxias, estrelas, sistemas

---

[1] Nota do autor: "Da superestrutura dos astros à infraestrutura subatômica, tudo está mergulhado na substância viva da Mente de Deus, como os peixes e as plantas da água estão contidos no oceano imenso" (*Nos domínios da mediunidade*, de André Luiz/Chico Xavier – FEB).

planetários, não podendo ser em nenhum momento limitado por Suas criações, como aconteceria se fosse regido por uma forma específica. Há um Ritmo Cósmico, qual preciso relógio que nunca atrasa ou adianta, manifestando-se alternadamente em todas as formas imagináveis do Universo, mas permanecendo imanifesto em sua essência geradora.[2]

Quando uma parte se desprende de um Todo Perfeito, essa parcela solta mantém as potencialidades da Perfeição. O espírito tende ao movimento ascensional estabelecido pelas leis regulativas do Criador, que regem a harmonia cósmica e sua relação de causalidade nas variadas configurações de relacionamento do princípio espiritual com o meio que o cerca, do protozoário ao homem mais intelectualizado, e daí chegará um dia até o cidadão universal, espírito livre da forma atuando na imensidão do todo que é o Cosmo.

Os homens que conseguiram estabelecer seus ideais de vida nos sentimentos elevados, que estão no caminho de vencerem os apelos inferiores da carne e que alcançaram a capacidade de abstração, originados pelo relaxamento e pela meditação, deixando a mente serenar sem fluxo de pensamentos contínuos, qual caixa-d'água que se esvazia, conseguem, em se tratando de alguns aprendizes conduzidos por um guia espiritual, a dissociação do corpo átmico, sede da consciência individual, integrando-o em segundos com a Consciência Cósmica.

A visão do Todo Cósmico é tão clara à consciência individual nesse lapso de tempo que, ao retornar ao "inexpressivo" equipo físico, o aprendiz não terá palavras que possam expressar os sentimentos

---

2 Nota do autor: No *Bhagavad Gita* (cap. IX, versos 4-5), a escritura sagrada que contém a essência do Hinduísmo, encontra-se: "Todo este Universo, tanto em suas partes como em sua totalidade, é uma emanação minha, e Eu o penetro com minha natureza invisível; Eu que sou o Imanifesto. Todas as coisas de Mim provêm, mas Eu não tenho origem nelas; em Mim estão Todas as coisas, mas Eu, em minha Divindade, não estou circunscrito por elas. Não penses que Todas as coisas sejam Eu mesmo. Eu sou o sustentador de Tudo, penetro em Tudo, mas não estou limitado nem encerrado nisso".

que o arrebataram quando "viu" a fabulosa superestrutura do Cosmo como se fosse parte integrante dele, qual parcela que se completa provisoriamente com o Todo, de onde veio e para onde deverá retornar um dia.

O desvendar de uma ponta do mistério erigido sobre o Absoluto, Imanifesto e Infinito, causa primeira de todas as coisas, e em torno de Sua simplicidade, de Sua magnitude e infinito amor por todas as criaturas em todos os planos vibracionais do Universo, leva a consciência individual a um êxtase deslumbrante e indescritível diante da verdade elementar. A mente funcionou em diminuto momento unida a um oceano de Consciência Plena da Realidade Suprema que é Deus, qual gotícula de chuva que se integrou ao mar.

A integração da consciência individual com a Consciência Cósmica, "fundindo-se" com o Criador por um breve instante, faz com que o indivíduo estabeleça seus objetivos espirituais no caminho ascensional da evolução rumo à angelitude.

A amplitude do ser completo, feminino com masculino, positivo com negativo, em unicidade, não havendo objetos materiais, nem forma – da maneira como vocês entendem –, existindo uma felicidade suprema, um amor e bem-estar de que não existe similaridade na limitada linguagem terrena, é o que se pode chamar de *samadhi*, sendo assim denominado o êxtase dos santos entre os iniciados hindus, que é o ligeiro "contato" da limitada consciência individual com a ilimitada Consciência Cósmica, com a Mente Divina, com nosso Pai, o Criador.[3]

Há que se considerar que nenhuma consciência individual, encarnada ou não, embora possa ter a percepção da Consciência Cósmica, deixará de ficar limitada ao seu estágio de existência, sendo que somente o próprio Deus pode igualar-Se em elevação espiritual

---

3 Nota do autor: Paramahansa Yogananda, o sábio iogue que veio instruir o Ocidente, descreve uma experiência de *samadhi* no capítulo "Uma experiência em consciência cósmica" de sua obra *Autobiografia de um iogue contemporâneo* (Editora Bestseller).

a Si mesmo, sendo Ele próprio a Consciência Cósmica e Absoluta. Por mais que se tente o êxtase contemplativo da Divindade Suprema, a limitação do cérebro físico e da sua atual inteligência restringirá a amplitude de tais percepções.

A "visão" de Deus, de Sua renovada felicidade, incomensurável a vocês no plano material, os levará inevitavelmente a profundos questionamentos íntimos sobre o verdadeiro sentido da existência humana e da vida. Esse êxtase contemplativo não significa que o Criador esteja a contemplar infinitamente. Na verdade, estão ainda muito presos às pequenas vicissitudes do cotidiano, às situações comezinhas e, quando se encontram diante da magnitude do Pai, ficam contemplativos, extáticos diante de Sua grandeza, visto que não possuem condição consciencial para "senti-Lo" em maior abrangência.

A dificuldade maior é compreender a natureza do Universo. Na multiplicidade de planos vibratórios interpenetrados, em vários estados de densidades e pesos específicos, indo do manifesto material grosseiro ao mais sutil imanifesto imaterial, invisível aos limitados olhos carnais, a Consciência Cósmica é uma realidade homogênea e integrada. É como se ela fosse a luz branca antes de passar pelo prisma que a dispersa em cores diferentes, mas que permanece presente em todos os matizes separados.

O verdadeiro iniciado não exterioriza suas viagens interiores, em que se encontra com as potencialidades cósmicas do Criador, nas quais obtém o alento e a certeza do que o espera nos degraus mais elevados da ascensão espiritual e que o estimulam aos desígnios superiores na sua existência carnal, crescendo espiritualmente na convivência fraterna e solidária com seus semelhantes. Ao contrário, por mais profunda que seja a beatitude meditativa alcançada, conduz a vida diária na carne de maneira parcimoniosa, cumprindo suas atividades diárias regularmente, somente tendo leve expressão de harmonia e de felicidade na fisionomia, de que poucos entendem os motivos. Observem criteriosamente o semblante do Cristo-Jesus e compreenderão essas palavras.

Ramatís

Observações do médium

Certo tempo atrás, durante a elaboração de *Chama crística*, obra ditada por Ramatís, houve um determinado dia em que fiquei muito inseguro, desmotivado, melancólico e entristecido. Estava com muitas dúvidas, fragilizado diante da enorme responsabilidade de escrever sob a chancela espiritual dessa Entidade, em especial sobre a Umbanda; as consequências que isso me ocasionaria reverberavam no meu íntimo. Concluí assim que estava despreparado para um empreendimento de tal envergadura. Determinei-me a desistir, e avisaria o editor imediatamente dessa decisão.

Estava sozinho em casa e divagava sobre tais aspectos, recostado sobre almofadas. Tencionava levantar-me e telefonar para a editora, comunicando a minha desistência em continuar escrevendo.

Vagarosamente, comecei a sentir suave vibração sobre o coronário, e um torpor aos poucos foi apropriando-se do meu corpo, mas a ponto de não dormir, encontrando-me totalmente consciente. Identifiquei a vibração característica de Ramatís quando ele se apresenta em corpo mental, que é o comum no intercâmbio com esse amorável Espírito, ocasiões em que fico com a voz levemente engrolada, os pensamentos se tornam muito rápidos, mas não conseguem acompanhar a cognição que está alterada e expandida, e a motricidade muscular do organismo fica mais lenta.

Repentinamente, num lapso de tempo, senti-me projetado ao Todo Cósmico, fazendo parte daquela imensidão de estrelas, planetas, em infinidade multicolorida. Sentimentos indescritíveis se apossaram do meu ser, de um imensurável amor por todos no Universo, por todos os animais, plantas e seres vivos em geral, em latitudes dimensionais que não tenho palavras que possam descrever.

Essa experiência deixou-me abobalhado, extático e contemplativo por um determinado período, pois não consegui compreendê-la imediatamente, tendo até dificuldade de trabalhar nos dias subsequentes. Foi decisiva e inesquecível nesta minha atual vida. A partir desse momento, assumi minha responsabilidade quanto à Umbanda e passei a escrever com dedicação e confiança redobradas.

Acredito que o que ocorreu, se é que seja possível ilustrar essa experiência ao entendimento, foi uma espécie de consciência alterada, em que o corpo átmico, sede do espírito e núcleo do verdadeiro ser, "oculto" por trás dos corpos físico, etéreo, astral, mental e búdico, se projetou ao Todo Universal, à Consciência Cósmica. Isso só foi possível pela interferência magnética vibracional de Ramatís, dissociando o corpo átmico para que eu pudesse vivenciar o *samadhi*.

Na minha percepção, a dissociação dos diversos corpos mediadores e níveis correspondentes de consciência só pode ser alcançada, em se tratando de corpos mais sutis, quando conduzida e auxiliada pelos mentores espirituais, em razão das interferências da mente dos homens que agem como se fossem barreiras quase intransponíveis. Isso não quer dizer que não possa haver a dissociação pela mente disciplinada e indutiva do encarnado, tão bem exemplificada na história pelos iogues e místicos iniciados.

Plano divino de evolução

A compreensão das mudanças que ocorrerão no orbe terrícola em toda a sua amplitude não prescinde de uma breve retrospectiva histórica que, como sempre alertamos, é recurso empregado pelo fato da memória humana ser curta. Esquecem-se as criaturas muito facilmente quando estão imersas no restrito equipo carnal, que deixa a percepção do espírito obnubilada, não dispondo da sua plenitude rememorativa.

Dentro dessa perspectiva, ficou obscurecida a consciência coletiva, decorrência ainda da época em que a ignorância preponderava e o acesso ao conhecimento estava delimitado ao interior dos templos, e os homens "descrentes", considerados hereges, foram sumariamente queimados em praça pública juntamente com milhares de livros por contrariarem, pelo livre pensar, as instituições dogmáticas. A ascensão e queda dos sistemas religiosos, filosóficos, monárquicos, matriarcais ou patriarcais fez parte dos sucessivos ciclos de escuridão e luz que ocorreram na história do homem.

Cada era traz dádivas ou misérias, desenvolvimento ou estagnação, paz ou violência. As culturas que dominaram o orbe terrícola são provenientes das dinastias atlântidas, egípcias e gregas. Formando o caldo cultural da humanidade por milhares de anos até a queda moral da política romana, levada de roldão ao insano da conquista obrigatória do mundo, pelo fragilizado império que, num último suspiro de dominação, se "apropriou" do Cristianismo na azáfama de perpetuação do poder.

Nessas ligações das diversas eras e das influências da descendência genética, foi o homem perdendo a sua procedência cósmica, qual estrela que se apaga abruptamente diante de um painel incandescente de outros bilhões e trilhões de estrelas no céu da evolução inexorável.

Quantas vezes vocês olharam para a abóbada celeste em noite clara, para a infinidade de estrelas e astros cravados no firmamento e se perguntaram: "Quem está lá no Além? São semelhantes ou diferentes de nós?" A consciência individual não está separada da Consciência Cósmica, e muitos de vocês não tiveram a evolução em um único orbe, em uma única partícula do Cosmo infinito. Muitos que vieram de outras constelações, de outras galáxias, estiveram e estão muito envolvidos com a evolução da humanidade.

Do sistema estelar de Sirius vieram muitos espíritos em transmigração para contribuir com o Grande Plano de Evolução dos planetas e da vida no Universo. Encarnaram em várias épocas da história, desde a Atlântida, há mais de 40.000 anos terrestres. Em momentos cruciais da formação cultural e filosófica da humanidade, desceram à carne, em postos decisivos na civilização grega, personalidades como Pitágoras, Sócrates, Hipócrates, Platão e Aristóteles, que influenciaram quase todas as demais.

A maior parte dos grandes progressos tecnológicos e científicos verificados na história ocorreu, com autorização do Alto, por influência de culturas extraterrestres. A estrela Sirius é uma das mais brilhantes no céu visto da Terra e desempenhou por muito tempo papel importante nas crenças de outrora. Foi objeto de reverência, e os antigos egípcios construíram templos piramidais de tal maneira projetados que possibilitavam à luz de Sirius adentrar as câmaras mais internas. A influência desses espíritos sobre a comunidade terrícola foi acentuada nas sociedades secretas, nas escolas de mistérios e na arte da magia, desde épocas das primevas raças do orbe, da Lemúria e da Atlântida.

Observem que algumas pirâmides do Egito têm a proporção entre a diagonal da base e a altura exatamente igual àquela que existe entre a circunferência e o diâmetro da Terra, pois não eram meras tumbas mortuárias, e sim templos iniciáticos que serviam para o intercâmbio com outras faixas vibracionais, com outros astros e seres. Essa relação de proporcionalidade era uma chave contida nas pirâmides, como portal imantado magneticamente para a localização, em outras paragens cósmicas, dos aglomerados terrícolas da época, como se fossem coordenadas específicas do planeta em relação ao orbe de origem desses espíritos encarnados na Terra. A partir daí, estabeleciam-se as viagens astrais ou, como chamam atualmente, viagens interplanetárias. Utilizavam-se naves espaciais de matéria etérea quintessenciada de alta frequência vibratória com outra matriz energética, que se acoplavam perfeitamente às pirâmides, que, na verdade, eram sua contraparte no plano físico, completando-as.

Avaliem as insignes tábuas sumérias, originadas 3.000 anos a.C., e que trazem a história de como o *Homo sapiens* aportou no planeta Terra. Há cerca de 50.000 anos, o homem de *Neandertal* era o máximo da vida inata da Terra quando, nessa época, o *Homo sapiens* inesperadamente surgiu com as qualidades que o destacaram, pois manuseava as ferramentas e cultivava o solo com destreza. Será que, após alguns milhões de anos de estagnação evolutiva, essa nova espécie despontou abruptamente, como se fosse de uma noite para outra? A evolução não dá saltos extemporâneos, e o que parece inexplicável aos olhos humanos nada mais é que as potencialidades criativas do Cosmo sendo utilizadas.

Não houve descontinuidade evolutiva do homem de *Neandertal* quando do surgimento do *Homo sapiens*.[1] Naquela época

---

[1] Nota do autor: somente a hipótese da manipulação genética explicaria o impasse a que chegou a paleoarqueologia sobre os antepassados do homem. Depois dos australopitecos (há 5 milhões de anos) e do *Homo erectus* (há aproximadamente 2,5 milhões de anos), surgiram o Neandertal (há cerca de 200 mil anos) e, depois, há uns 50 mil anos, o *Homo sapiens*. A paleogenética deparou-se com um enigma ao comparar o DNA do *Neandertal* e do *Homo sapiens*: eles não apresentam

já se fazia útil a Engenharia Genética. Os corpos físicos, naquele contexto histórico e evolutivo do planeta, não tinham condições de abrigar espíritos transmigrados de outros orbes e detentores de um outro estágio consciencial, pois, na sua maioria, não se tratava de encarnações de seres rebelados moralmente, não sendo justo encarnarem em corpos rústicos e algo brutos para o mentalismo mais depurado. Houve um trabalho de manipulação genética pelos engenheiros e geneticistas siderais responsáveis pelo aprimoramento dos corpos terrícolas, criando-se uma nova raça com o apoio energético para tais mudanças, com a consequente repadronização do DNA – ácido desoxirribonucleico – e reestruturação molecular, alinhando os corpos físicos e deixando-os em condições de receberem as vibrações perispiríticas mais rápidas desses reencarnantes. Assim, a nova organização fisiológica, criada por método de manipulação genética, ficou adequada para suportar as repercussões vibratórias decorrentes da encarnação desses extraterrestres.

Essa modificação ocorrida no DNA, que aparece em sua composição étnica, não demonstra a movimentação havida no Plano Astral e sua herança cósmica. Outras formas energéticas e espirituais do Universo contribuíram decisivamente para a evolução do orbe e, quando obtiverem o conhecimento de quem realmente são, concluirão pela Sabedoria Divina, pela grande contribuição do Pai aos Seus filhos nos diversos caminhos ascensionais da Cosmologia, da Física Cósmica Universal e do grande trabalho realizado para que ocupem esse corpo físico.

Estão previstas no Plano Divino de Evolução significativas mudanças planetárias no Terceiro Milênio. A Terra está ascendendo na hierarquia espiritual, sendo promovida de escola primária para o ensino secundário, de planeta de provas e expiações para de regeneração. Isso não quer dizer que haverá mudanças rápidas.

---

parentesco genético. É como se não fossem descendentes um do outro. De quem, então, o *Homo sapiens* herdou seu DNA? Configurou-se um hiato genético, insolúvel pela análise da ciência até agora.

Infelizmente, ainda continuam a ser alojadas toneladas de resíduos tóxicos no solo, no ar e nos oceanos, que indiretamente retornam ao homem pela sua cadeia alimentar, ficando armazenados em seus organismos, provocando as anomalias genéticas, o câncer e os nascituros disformes. Permanece a ganância desproposital dos ricos empresários e, se assim continuar, as futuras gerações herdarão um planeta inabitável.

"O céu se manifestará na Terra", referência feita no Apocalipse que significa o acolhimento das dimensões da existência imperceptíveis aos atuais cinco sentidos grosseiros humanos, é algo parecido com um único canal na televisão que paulatinamente começará a captar outros, embora vários sempre tivessem estado no ar.

A humanidade terrícola chega no exato ponto de contato entre a ilusão da matéria e as verdades espirituais, tão bem simbolizado na junção que apoia as duas hastes ou toras de madeira que formaram a cruz carregada pelo Cristo-Jesus: a horizontal é o homem preso ao ciclo carnal, e a vertical é o caminho da regeneração do espírito que inicia seu processo de libertação do jugo material, retornando à Consciência Crística Divina em sua plenitude.

Como dito alhures, o magnetismo e as faixas de frequência do eixo planetário estão se alterando. Esse aumento de frequência se ajusta às frequências mais rápidas dos espíritos reencarnantes e está em concordância com o carma coletivo. A estabilização dessas novas frequências, acompanhadas pelo magnetismo correspondente, levará a uma mudança comportamental dos cidadãos, das organizações, dos governos e das nações, repercutindo no trabalho, nas condições de vida e nas famílias. Haverá uma adequação nos sistemas de infraestrutura da coletividade terrícola, em decorrência do carma não tão retificativo, pois as individualidades reencarnantes têm uma retidão moral mais crística e um novo estágio consciencial e espiritual.

Em todos os caminhos traçados na evolução, não houve nenhum poder arbitrário da Divindade. A busca e as experiências são necessárias e se iniciam nos planos inferiores. E se há sofrimento, dor e ranger de dentes, é pela baixa moralidade e pelo egoísmo preponderantes.

Sua compreensão intelectual não os livra da ilusão. Vocês devem ter um sentido da existência universal, em que estão em unicidade com Deus. O intelecto serve para que as relações com as verdades fundamentais do Cosmo se façam entender quando encarnados e vivificando uma determinada personalidade, mas não explica a individualidade e sua consciência única, muito menos a consciência cósmica.

Verifiquem sua dificuldade em conviver com as verdades perenes. Vejam a ilusão dos prazeres. O prazer é decorrente de mudanças químicas produzidas em seu corpo transitório, seja induzido por um componente que o estimule externamente, seja por um estado psicológico que altere a condição hormonal. O prazer não está na sensação, e sim na mente. É claro que a condição da mente determina o tipo de prazer, portanto a fonte prazerosa está no psiquismo mais profundo do espírito imortal.

Quantos de vocês correm desenfreadamente em busca do prazer, seja no nível físico ou emocional! Bilhões de criaturas vivas são sacrificadas diariamente para saciar seu paladar. Outros milhões são submetidas a morticínio cruel, de modo que suas peles possam calçar seus delicados pés ou ornamentar, por meio de bolsas, cintos e demais acessórios, as senhoras bem destacadas da sociedade, mantendo os modismos dispensáveis. Sorve a criatura humana com sofreguidão desenfreada quantidade exagerada de alcoólicos, diuturnamente consumidos de maneira compulsiva, procurando relaxar e encontrar coragem diante das pequenas vicissitudes da vida comezinha, prazeres que se apresentam voláteis diante do discernimento encharcado pela bebida. Ainda há outras ilusões que os deixam estagnados na expansão da consciência e na evolução espiritual.

Permanece a ilusão da riqueza, da sexolatria, do academicismo exacerbado, da beleza fugaz do corpo físico, do nome da família, da fama e até o devaneio da superioridade religiosa, racial e de nacionalidade. Atentem para o preconceito espirítico que ocorre em alguns agrupamentos mediúnicos e agremiações terrenas, em que os pretos velhos, índios e caboclos ainda não são bem-vistos, como se houvesse diferenciação do "lado de cá" quanto à procedência de cada irmão ou distinção em relação ao intercâmbio mediaínico ser em mesa, altar, templo ou terreiro. O que importa para a Espiritualidade é o padrão vibratório elevado, o interesse altruístico, o trabalho gratuito e caridoso do grupo e os valores morais contidos no Evangelho do Cristo interiorizados e praticados.

Há quatriliões de estrelas de todos os tamanhos em seu campo de visão. No entanto, é uma ilusão o quadro pintado no céu noturno ou visível diante de seus potentes telescópios, pois, no momento que o enxergam, muitas estrelas e astros não mais existem, pelas distâncias de milhões de anos-luz da Terra, decorrentes da linearidade espaço-temporal do ilusório e limitado plano em que vocês se encontram.

Passemos do Infinito ao infinitesimal. Se eliminassem todos os espaços vazios das moléculas e átomos que compõem seus corpos humanos, restando toda a matéria sólida, física, a massa nuclear, estariam reduzidos a um grão diminuto, uma pitada de pó na ponta de um alfinete, que somente por meio de poderosa lente poderiam ver. Vejam a ilusão que é o mundo físico e as percepções do corpo humano, pois não têm condições de "leitura" com seus grosseiros sentidos da realidade etérea e astral que os cerca. Uma verdade inquestionável é que a consciência, sede da mente e da centelha espiritual imorredoura, perdurará pelo resto do tempo infinito e interminável de suas vidas, sendo que as "paisagens" físicas, etéreas e astrais são passageiras e ilusórias diante da perenidade do espírito.

Nessa significativa mudança, gradativa, prevista no Plano Divino de Evolução, os homens terão os sentidos mais apurados, serão mais místicos, e o intercâmbio mediúnico será mais intenso. Os valores do Cristo serão manifestos no cotidiano. Os terrícolas se tornarão mais disciplinados na vida humana transitória. A conduta moral diária pelo Evangelho interiorizado será sublime catalisador das consciências, tornando mais breve o ingresso do espírito aos locais angélicos em que o maior prazer é o banquete amoroso de confraternização entre os irmãos.

Ramatís

Observações do médium

Realmente nos é de difícil compreensão a primazia da mente. Poderemos afirmar que nós, médiuns, sob certo aspecto, somos privilegiados. Podemos verificar a realidade mental que prepondera no Plano Astral, pelas experiências e pelos relatos oportunizados no exercício continuado da mediunidade nos trabalhos socorristas, de Apometria e desobsessão.

Tais são as cristalizações mentais nas cenas dos desencarnes abruptos, em acidentes, lutas e guerras, em que, pela plasticidade do Plano Astral, essa situação permanece indeterminadamente, como se o espírito ainda estivesse na carne presenciando o ato fatídico em cenários criados por ideoplastias[2] coletivas, que se transformam em bolsões de espíritos sofredores, atraídos por afinidades dos atos odiosos outrora praticados, verdadeiras comunidades perdidas no tempo. Igualmente, as perseguições e vinganças se fazem comuns em poderosos processos de ressonância vibratória, que repercutem no corpo físico dos obsediados, em que inimigos de vidas passadas se reencontram e o desencarnado, em sua loucura, enxerga o encarnado no cenário e no contexto da época dos acontecimentos trágicos que geraram toda a novela de ódio, qual *set* cinematográfico que fica ininterruptamente montado.

---

2 Ideoplastia é a capacidade que um espírito, encarnado ou desencarnado, tem de criar imagens e cenários no Plano Astral como se fossem reais. Podemos afirmar que muitos irmãos sofredores se encontram escravizados pelos próprios quadros ideoplásticos, situação um tanto comum no Umbral Inferior. Um espírito em desencarne abrupto e violento, por um mecanismo mental de fixação na cena fatídica, cria uma ideoplastia que o retém na situação traumática indefinidamente. Os mentores, guias e protetores utilizam essa capacidade "plástica" do Plano Astral para criar imagens sugestivas no trabalho socorrista: um jardim ao Sol, uma floresta com cachoeira, uma mesa com alimentos e água etc.

Fé científica

Desde o início da civilização humana, a religião mostrou aos homens os caminhos para a Divindade. Não faz muito tempo, alguns séculos somente, o conhecimento científico era associado ao movimento religioso estabelecido pelas instituições. Depois que a religião ocidental começou a ser dogmática, principalmente pelo advento do movimento inquisitório na Idade Média, começou a desvinculação gradativa da ciência, buscando sua independência, por não se coadunar o pensamento científico com os liames estreitos das imposições dogmáticas do Catolicismo emergente. Esse processo veio desaguar no século XX, mas delongou-se algumas centenas de anos.

Não foi somente a ciência que iniciou o desatamento de quaisquer apelos ao sobrenatural, mas a maioria dos novos regimes sociais e de governo que estavam surgindo no Ocidente se firmou numa posição agnóstica, totalmente separada das crenças e, consequentemente, do Catolicismo, a então religião predominante. Após a Revolução Francesa, quando o meio científico aceitou a tese defendida por Laplace, de que ele não precisava de Deus para edificar a sua teoria do sistema solar, rompeu esse expoente do Iluminismo com as ligações dos seus predecessores, Galileu e Newton, que ainda aceitavam a influência do Todo-Poderoso na formação do Cosmo.

Essa tendência de banimento de Deus, capitaneada pela moderna ciência, coincidiu com a Revolução Francesa, espalhando praticamente por toda a Europa esse modo de pensar. Nasceu o Positivismo, em que o pensamento filosófico instituído teve um impulso que o orientou meramente no sentido científico mecanicista. O afastamento das coisas da fé do entendimento racional, como se fossem inconciliáveis, abriu o caminho para os pensadores e cientistas adotarem a crítica contumaz à religiosidade. A consideração vigente no meio científico vanguardeiro de que Deus era uma projeção dos desejos de perfeição do homem levou à conclusão quase unânime de que a Divindade seria um conceito humano. A infelicidade e a insegurança diante da morte teriam levado as criaturas para a crença do Ser Supremo.

Quando Pasteur descobriu os bacilos e micróbios, e os cientistas deduziram que eram esses microrganismos que levavam à putrefação e às doenças, como o tifo e a tuberculose, que preponderavam aterrorizando os homens de então, e não algum desejo do Criador de punir os pecadores, como pregavam os padres e clérigos nas igrejas, estava dado o arremate final na batalha da ciência contra Deus. A estocada definitiva do psiquismo do homem contra Deus foi idealizada por Sigmund Freud, com sua Teoria Psicanalítica, em que os terrores e as fobias humanos nada teriam a ver com o sobrenatural. Seria no meio familiar, desde o nascimento, que as emoções e as neuroses se formariam, moldando o comportamento dos indivíduos, teorização intelectiva que desconsiderou completamente a anterioridade do espírito e sua memória milenar.

Nessa movimentação, no contexto histórico do pensamento científico da época, do Iluminismo e do pensamento positivista, estava inserido Allan Kardec, estudioso dedicado, que chegou a lecionar Química, Física e Anatomia. De inteligência fulgurante, espírito de escol em atividade missionária, quando se viu pela primeira vez diante da fenomenologia mediúnica, preponderou-lhe no âmago o racionalismo vigente que o influenciava. Tentando demonstrar a falsidade dos fatos considerados sobrenaturais, adotou o modelo de aferição em metodologia científica aceito amplamente. Surpreendeu-se Allan Kardec com a veracidade dos fenômenos qualificados de sobrenaturais e, com o sentimento de incredulidade e ceticismo que inicialmente o moveu pela sua curiosidade inata, iniciou a Codificação da Doutrina Espírita. Fez-se presente a Sabedoria Divina, não existindo acasos nos acontecimentos. A França, berço do movimento de reforma cultural e filosófica do mundo ocidental naquele contexto, abrigou em seu solo o descortinar dos mistérios espirituais de forma inquestionável, exatamente no local em que a humanidade terrícola "matava" Deus. Se assim não fosse, não haveria credibilidade e cairia no ocaso a Codificação.

Agora, é chegado o momento de a ciência dar a sua grande contribuição às questões espirituais. Especificamente a Física trará novas informações sobre a realidade do espírito. Há uma gradação prevista pelo Alto no acesso a esses conhecimentos. Surge a Mecânica Quântica, que tem por objetivo a investigação da dualidade matéria e energia. Faz-se incontestável para a ciência Física que certos fenômenos acontecem em decorrência de a matéria, em determinados instantes, se apresentar como onda e, em outros, como corpúsculo; em uns é energia, em outros é matéria densa. O paradigma mecanicista, que se iniciou com a aceitação popular da queda da maçã da árvore, observada e estudada por Newton, conduzindo-o à enunciação da Lei da Gravitação Universal (Lei da Gravidade), dá passagem ao paradigma do espírito. Haverá lições espirituais vindas pelas mãos da ciência contemporânea e que estão previstas pelo Altíssimo.

A Física Quântica tem como referência o conceito de indeterminação. Existe um comportamento "instável" das partículas subatômicas. Às vezes, são partículas, outras vezes são ondas, tendo um comportamento "imprevisível", e sua localização depende de um determinado momento, variando no tempo. O átomo contém uma dimensão energética imponderável diante dos atuais parâmetros científicos terrenos, aparentemente não prevista. Chega a ciência ao território contíguo ao espírito, ao corpo etéreo e ao corpo astral, que estão associados vibratoriamente e jungidos ao frágil vaso carnal, que é o visível aos limitados olhos terrenos, o mais denso e material.

Muito ainda virá pela frente nessas experimentações, e esses conhecimentos levarão a novos recursos que possibilitarão a cura de muitas doenças consideradas irremediáveis. Por exemplo, o entendimento da verdadeira etiologia do câncer, em que há um crescimento descontrolado de células em decorrência de um desarranjo vibratório do corpo astral ou perispirítico, que repercute no corpo físico como se este fosse um exaustor. Os sentimentos negativos de ódio, mágoa, ciúmes e raiva são a base dessas vibrações deletérias. É na casa mental que se encontra o fulcro de potenciação energética do psiquismo do indivíduo, seja positivo ou negativo, e que fica registrado pela força centrípeta do espírito, provindo do corpo átmico, desarranjando todos os corpos mediadores – búdico, mental, astral, etéreo –, indo até a consciência do encarnado para que harmonize esses impulsos destrutivos.

A fé que move o cientista não deve ser religiosa, mas comprometida com as verdades da Lei de Causalidade que rege a harmonia cósmica e com os métodos de comprovação amplamente aceitos pela comunidade científica, independendo de rituais, de adoração ou de crença cega. Os planos vibratórios que não estão circunscritos às percepções grosseiras do corpo físico se manifestarão por meio de métodos de inferência indiscutíveis. O alcance dessas averiguações dependerá de trabalho intenso, do devotamento, da experimentação psíquica, a distância de doutrinas, rituais ou religiões, templos ou quaisquer formas exteriores, pois estará ao alcance da metodologia rigorosa da ciência. Assim como a arte, a religião e a meditação lhes permitem o acesso a outros planos vibracionais, também a pesquisa científica será um desses caminhos.

Essas novas constatações e enunciados abrirão um vasto campo de conhecimento aos homens, não se limitando tão somente à população de encarnados ou ao orbe terrícola. Chega a seis bilhões o número de criaturas humanas encarnadas, e, pelas estatísticas do "lado de cá", existem aproximadamente 50 bilhões de desencarnados. Se em um de seus corpos vivem dezenas de trilhões de complexos microrganismos, quantos serão ao todo os que vivem na aura planetária do orbe? Se retirarem um grão de areia qualquer para examiná-lo num potente microscópio, constatarão que ele é habitado por milhões de vidas microscópicas. Imaginem assim os imensos conglomerados de energias cósmicas, de habitações em outros planetas. As formas da vida não se esgotam com o que existe neste grão de areia cósmico que habitam. Nada há desabitado e sem vida na incomensurabilidade cósmica, desde as infinitesimais e "instáveis" partículas subatômicas até os prodigiosos sistemas estelares.

A constituição do homem é esquadrinhada desde a antiguidade mais remota, no Esoterismo e nas filosofias orientais e iniciáticas que vicejaram no orbe. Os homens deverão dar mais atenção para a sabedoria milenar com as novas descobertas no campo científico. Apesar dos vários veículos ou corpos de manifestação do espírito na sua existência carnal, a consciência é única. Conforme o espírito evolui, esses corpos tornam-se menos materiais, e a consciência, cada vez mais expandida e preponderante. Sua personalidade atual é a parte da consciência limitada, que se altera em cada nova encarnação, conforme a programática cármica traçada, e que deve prevalecer numa determinada existência, vivificando o espírito as experiências educadoras necessárias ao seu crescimento evolutivo. A individualidade, ou Eu Superior, é o elemento espiritual do homem, assim como as potencialidades provindas do seu interior, na longa jornada ascensional.

As situações se repetem, e grande parte das soluções dos embates da atualidade está nos registros contidos na história da humanidade. Todos os grandes Instrutores da humanidade estabeleceram a espiritualização do pensamento religioso da época, pois preconizavam a iluminação interior sem intermediários religiosos, independendo de religiões institucionalizadas. A transformação é interna, nasce do interior das criaturas. É assim que crescem a consciência dos indivíduos, as galáxias e o Universo infinito, na constante mudança do Cosmo. Tantos séculos se passaram e continuam os homens separados e em lutas fratricidas em nome das religiões! Judeus e muçulmanos, em Israel, católicos e protestantes, na Europa, hindus com muçulmanos, na região fronteiriça compreendida entre o Paquistão e a Índia, entre tantos outros exemplos que poderíamos citar. Quando a ciência corroborar as verdades do espírito, os homens aceitarão com mais resignação a universalidade da sua procedência cósmica.

A ciência atual, bem como a face religiosa do Espiritismo, precisam estar livres de quaisquer conotações de onipotência, que é uma prerrogativa do egoísmo meramente humano, pelo qual ambas supõem que as técnicas e os procedimentos de cada uma preponderam sobre as demais visões, embate que não tem nenhuma relação com a Espiritualidade. Com as novas comprovações e descobertas, o racionalismo mecanicista da ciência terá que aceitar a diagnose e as etiologias espirituais. Já no meio do Espiritismo terreno, os conhecimentos devem ser arejados, e os confrades adeptos e atuantes nas casas espíritas não devem restringir a Doutrina ao aspecto puramente religioso, como se fossem refúgios evangélicos isolados, construídos em interior de fortaleza resistente a ataques externos em uma guerrilha "santa". As situações se repetem pelos atavismos que jazem no inconsciente milenar dos cidadãos, nas profundezas do psiquismo do espírito imortal. Até recentemente, a ciência buscava novos ares diante da dogmática católica que impunha condutas e conceitos.

O Evangelho do Cristo interiorizado não deve significar escrúpulos religiosos exacerbados, sendo dispensáveis as ações evangelistas separadoras. Na França, o Espiritismo codificado manteve o direcionamento original de ciência e filosofia racional, estando-lhe secundariamente atribuído o aspecto de religiosidade. A constatação é que, em solo brasileiro, o Espiritismo foi rapidamente convertido em religião, embora não reconhecido pelo movimento organizado que tão bem se estabeleceu. Essa conotação foi necessária e decorrência justa do carma, da etnia e da fé do povo dessa nação. Não haveria o crescimento vertiginoso da Doutrina Espírita se assim não fosse.

É chegado o momento de novos ares, ampliando o campo de atuação e abrangência espiritista, num movimento unificador que desaguará no oceano do amor cósmico qual precipitação chuvosa vitalizadora dos solos áridos. Descerão das esferas siderais novos conhecimentos, procedentes não de uma única fonte, e sim de várias vertentes de um mesmo rio. Jesus não fundou nenhuma religião, e as revelações trazidas pelo Consolador enviado e codificadas pelo método de aferição científica adotado por Allan Kardec não foram as últimas e definitivas. Não transfiram para o "lado de cá" as quimeras que os movem.[1] Lembrem-se de que não existe uma única verdade ou caminho e estejam convictos de que os conhecimentos jorrarão da fonte do Altíssimo de várias procedências.

Ramatís

---

1 Nota do autor: "O mundo tem todos os dias a prova material de que, na medida do desenvolvimento da perfectibilidade humana, descem das alturas novas e mais alevantadas revelações. O mundo, porém, não aprende e, sempre cego, obedece fatalmente ao impulso que o leva a repelir tudo que é novo, tudo que vem substituir alguma peça do mecanismo construído por seu saber. A revelação religiosa, do mesmo modo que a científica, tem vindo sempre progressiva, e na razão do desenvolvimento da perfectibilidade humana" (*Estudos filosóficos*, de Bezerra de Menezes – Editora Edicel).

Congraçamento mediúnico

Os diferentes corpos mediadores estão ligados entre si, sobrepostos, mas em campos vibracionais diferentes. No Antigo Egito, essa estrutura já era conhecida. Os sarcófagos sucessivos que cercavam a múmia dos faraós simbolizavam os diversos corpos. Estando o corpo material sujeito à decomposição, era embalsamado e guardado em sarcófago específico, em que se tentava preservá-lo da desagregação carnal iminente. Os demais sarcófagos simbolizavam os outros corpos, sendo o último em ouro puro, o corpo atômico, que seria pura luz e protegeria todos os demais. Claro estava que o corpo físico mantinha estreito relacionamento com os corpos etéreo, astral e mental.

Nas iniciações que ocorriam nas fraternidades gregas, uma das fases terminais do longo processo de aprendizado consistia em o hierofante colocar o discípulo aprendiz estendido dentro de um sepulcro, em que simbolicamente vivenciaria a morte. A expressão "para viver é preciso morrer" é uma chave alquímica. Devia-se morrer para tudo que é inferior e deixar nascer o Divino, o luminoso dos sentimentos elevados, partindo os próprios grilhões dos apelos carnais. O discípulo, até chegar a esse estágio, havia passado por várias provas, educando o corpo e a mente. O hierofante, em vestimenta sacerdotal, executava operações magnéticas de extrema delicadeza, despolarizando as cargas positivas e negativas que mantinham a união dos corpos mediadores. O discípulo, colocado em transe letárgico, desprendia-se em corpo astral e mental, visualizando todo o mundo espiritual que palpitava em volta, sendo conduzido pelos magos espirituais. O corpo etéreo permanecia no corpo físico, levemente desacoplado, permitindo a perfeita rememoração de todos os fatos verificados no Além-túmulo. O mestre hierofante, também desprendido, acompanhava o discípulo na viagem às regiões adredemente escolhidas, complementando a educação e os conhecimentos em outra dimensão espacial. No regresso da consciência ao corpo físico, o discípulo estava capacitado para almejar a elevação de grau. A fronteira entre a vida e a morte tinha deixado de existir.

Nas atividades em corpo mental, o espírito comunicante, no intercâmbio mediúnico, é como se fosse um grande lago de conhecimento. O médium consciente utilizado como instrumento é um jarro que é mergulhado no lago, e a água que é retirada se adapta imediatamente ao formato do vasilhame utilizado. As afinidades e os comprometimentos de vidas passadas prevalecem na escolha do médium, de maneira que se utilizem aqueles conhecimentos que são aquisições de outras encarnações e que refletirão mais precisamente as ideias da entidade comunicante. Quando há acentuada sintonia, ocorre em alguns momentos algo que pode ser denominado de descompensação na recepção mediúnica. No caso da psicofonia, o médium "atropela" as palavras, e, na psicografia, as frases ficam como se estivessem em ordem invertida. Esse fenômeno se deve ao fato de a motricidade muscular do equipo físico do médium não acompanhar adequadamente os pensamentos que fluem qual correnteza de água do corpo mental e de uma consciência exterior à sua. A grande lentidão vibratória do corpo etéreo contribui para essas pequenas interrupções, como se fosse um limitador de voltagem.

No tocante às técnicas que exploram as características e especificidades dos corpos mediadores, amplamente utilizadas pelas organizações trevosas que predominam nos charcos do Astral Inferior, elas beiram a um grau de aprimoramento que surpreende os mais dedicados e estudiosos doutrinadores espíritas. Não adianta o verbo bem elaborado e com extenso conteúdo evangélico quando se lida com essas entidades. Imaginem um líder obsessor há 600 anos sem reencarnar e verifiquem se quinze minutos de conversação doutrinária resolvem. Os trabalhos no campo terreno requerem técnicas medianímicas que complementem os esforços da Espiritualidade no socorro a esses irmãos e aos encarnados enovelados nas tramas bem elaboradas por esses planejadores do mal.

Faz-se necessário o sentimento amoroso aliado ao conhecimento dos diversos corpos mediadores do espírito, pois, embora estejam acoplados como se fossem um único no corpo astral, são vibratoriamente diferentes e muito explorados pelos magos negros para destruir vidas, famílias, espargir a desavença, a intriga, a doença e todos os males possíveis. Quando querem desestruturar um lar, usam técnicas das mais refinadas.

Uma mãe se vê influenciada por antigo magista da época em que praticaram rituais de feitiçaria juntos, o qual lhe desequilibra o corpo mental, obstruindo o discernimento e deixando a consciência refratária ao bom senso que deve preceder os pensamentos amorosos.

O filhinho, que lhe vem aos braços em entrelaçamento reencarnatório, sendo antigo desafeto com fortes ligações cármicas, serve de instrumento desencadeador dos ódios mais ocultos no psiquismo de profundidade, num mecanismo de indução pertinaz que atinge o corpo astral, eclodindo com intensidade os sentimentos negativos, as antipatias e os ódios milenares não resolvidos.

Ao esposo, fragilizado diante do inusitado conflito entre a esposa e o rebento amado, acoplam-se entidades doentes, acidentadas, suicidas e dementadas, no corpo etéreo que é fluidicamente abundante, iniciando processo doloroso de vampirização das energias do corpo físico, havendo rápido enfraquecimento fisiológico.

No lar que deveria servir de recanto acolhedor e de refazimento às lides laborais diárias, imantam magneticamente irmãos deformados, animalescos, exalando fluidos deletérios pesadíssimos e desagregadores das vibrações perispiríticas dos que estão como alvo da ação destruidora arquitetada, causando desarmonização e doenças variadas. Notem na imprensa quantos assassinatos e suicídios ocorrem, principalmente, nos fins de semana em núcleos familiares em que, muitas vezes, nunca se imaginaria algo parecido.

Nesses casos mais graves, as técnicas de dissociação dos corpos mediadores se fazem instrumento eficaz no alívio desses dramas trágicos. A Apometria, pela acertada diagnose realizada e diante da complexa etiologia espiritual envolvida, torna-se cada vez mais valorizada pela Espiritualidade. É abençoado bálsamo previsto pelo Altíssimo e que deverá crescer nesses novos tempos, mais arejados e universalistas. Vem consolar os aflitos e sofredores, trazendo-lhes a cura e o alívio das aflições mais imediatas. É como se retirassem de uma câmara escura, insípida e sem ar, um ser quase moribundo e lhe dessem a oportunidade de respirar o ar límpido e de se preparar mais convenientemente no campo da reforma íntima.

As falanges espirituais da Umbanda dão enorme sustentação nesses trabalhos de Apometria. Os índios e os pretos velhos trabalham na retaguarda, propiciando guarnição segura diante dessas entidades empedernidas na maldade. Se houver um ou dois médiuns umbandistas no grupo apométrico, ganharão os encarnados considerável reforço, visto que as entidades que se farão presentes, "incorporadas" e de forma mais ostensiva, preservarão integralmente o corpo mediúnico desses fluidos mais deletérios. Não há necessidade de nenhum ritual diferente, basta dar espaço para esses irmãos amorosos se movimentarem e praticarem a caridade, e assim perceberão que não são "inferiores" nem "indisciplinados" como apregoam alguns confrades espíritas desavisados do amor crístico que move todos do "lado de cá".

A escravidão flageladora foi extinta no Brasil somente depois de estar terminada na maioria dos países do mundo. Os africanos e os índios sofreram todo tipo de discriminação e segregação social e religiosa, pois nem no interior das senzalas imundas podiam praticar os rituais que tinham como crença. Os cultos católicos e "cristãos" europeus e brasileiros não permitiam a exteriorização dos valores culturais e religiosos das diversas nações indígenas e negras. Não chegando a esse ponto de exclusão, mas não menos preconceituosos, alguns espíritas distinguem os diversos tipos de espíritos que se manifestam nas mesas mediúnicas, sendo que a superioridade e a inferioridade com que conceituam veladamente tais irmãos estão impregnadas de veneno discriminatório sociorracial. Em especial os espíritos ligados às práticas da natureza estão classificados como de baixo escalão evolutivo, sejam praticantes de curas por meio de ervas ou de benzimentos. Tais espíritas dedicam a esses irmãos uma avaliação semelhante à praticada pelo Catolicismo na perseguição histórica contra as curandeiras, como se fossem provenientes do "demônio".

A Umbanda e as heranças indígena e africana do Brasil não são impedimentos ao progresso espiritual. Eliminem todos os preconceitos que os deixam paralisados na estrada ascensional. É chegado o momento de um maior ecumenismo entre as "raças" espirituais, pois que se faz necessário um congraçamento mediúnico diante da fragilidade que o mundo atravessa e das intensas mudanças e dos desencontros entre os homens. Nas lides com o Além, tenham como âncora os ensinamentos universalistas contidos no Evangelho do Cristo, verdadeiro tratado cósmico que une os homens num único congraçamento amoroso.

Não apliquem veneno corrosivo ao que não compreendem integralmente. Lembrem-se de que o Pai formulou todas as coisas perfeitas no que se refere à utilidade para si próprias, mas na maioria das vezes imperfeitas quando querem impor aos outros aspirações que não são compartilhadas.

Ramatís

Observações do médium

Aprendamos com a lição de um pai preto relatada pelo irmão José Queid Tufaile:

"A reunião mediúnica semanal no centro espírita, na sua fase teórica, desenrolava-se sob a explanação do Evangelho Segundo o Espiritismo. Os membros da seleta assistência ouviam a lição atentamente. Sobre a mesa, a água a ser fluidificada e o Evangelho aberto na lição nona do capítulo dez: 'O argueiro e a trave no olho'.

Dr. Anestor, o dirigente dos trabalhos, tecia as últimas considerações a respeito da lição daquela noite. O ambiente estava impregnado das fortes impressões deixadas pelas palavras do Mestre: 'Por que vês tu o argueiro que está no olho do teu irmão e não vês a trave que está no teu?' Findos os esclarecimentos, apagaram-se as luzes principais para que se desse abertura à comunicação dos espíritos.

Um dos presentes fez a prece e deu-se início às manifestações mediúnicas. Pequenas mensagens de consolo e de apoio foram dadas aos presentes. Quando se abriu o espaço destinado à comunicação das entidades não habituais e aos espíritos necessitados, ocorreu o inesperado: a médium Letícia, moça de educação esmerada, traços delicados, de quase 30 anos, dez dos quais dedicados à educação da mediunidade, sentiu profundo arrepio percorrendo-lhe o corpo. Nunca, nas suas experiências de intercâmbio, tinha sentido coisa parecida. Tomada por uma sacudidela incontrolável, suspirou profundamente e, de forma instantânea, foi 'dominada' por um espírito. Letícia nunca tinha visto tal coisa: estava consciente, mas seus pensamentos mantinham-se sob o controle da entidade, que tinha completo domínio da sua psique.

O dirigente, como sempre fez nos seus vinte e tantos anos de prática espírita, deu-lhe as boas-vindas em nome de Jesus:

– Seja bem-vindo, irmão, nesta Casa de Caridade.

O espírito respondeu:

— Zi-boa noite, zi-fio. Suncê me dá licença pra eu me aproximá de seus trabaios, fio?

— Claro, meu companheiro, nosso Centro Espírita está aberto a todos os que desejam progredir — respondeu o diretor dos trabalhos.

Os presentes perceberam que o espírito comunicante era um preto velho, entidade que habitualmente se comunica em terreiros de Umbanda. O preto velho continuou:

— Vosmecê não tem aí uma cachacinha pra eu bebê, zi-fio?

— Não, não temos — respondeu-lhe dr. Anestor. — Você precisa se libertar desses costumes que traz de terreiros, o de beber bebidas alcoólicas. O espírito precisa evoluir — continuou o dirigente.

— Vosmecê não tem aí um pito? Tô com vontade de pitá um cigarrinho, zi-fio.

— Ora, irmão, você deve deixar o hábito adquirido nas sessões de Umbanda se quer progredir. Que benefícios traria isso a você?

O preto velho respondeu:

— Zi-preto véio gostou muito de suas falas, mas suncê e mais alguns dos que aqui estão não faz uso do cigarro lá fora, zi-fio? Suncê mesmo não toma suas bebidinhas nos fins de sumana? Vosmecê pode me explicá a diferença que tem o seu espírito que bebe whisky, no fim de sumana, do meu espírito que qué bebê aqui? Ou explicá pra mim a diferença do cigarrinho que suncê queima na rua daquele que eu quero pitá aqui dentro?

O dirigente não pôde explicar, mas ainda tentou arriscar:

— Ora, meu irmão, nós estamos num templo espírita e é preciso respeitar o trabalho de Jesus.

O preto velho retrucou, agora já não mais falando como tal:

— Caro dirigente, na Escola Espiritual da qual faço parte, temos aprendido que o verdadeiro templo não se constitui nas quatro paredes a que chamais Centro Espírita. Para nós, estudiosos da alma, o verdadeiro templo é o templo do espírito, e é ele que não deve ser profanado com o uso do álcool e do fumo, como vem sendo feito pelos senhores. O exemplo que tens dado à sociedade, perante estranhos e mesmo familiares, não tem sido dos melhores. O hábito, mesmo social, de beber e fumar deve ser combatido por todos os que trabalham na Terra em nome do Cristo. A lição do próprio comportamento é que é fundamental na vida de quem quer ensinar.

Houve profundo silêncio diante de argumentos tão seguros. Pouco depois, o espírito continuou:

– Desculpem a visita que fiz hoje e o tempo que tomei do seu trabalho. Vou-me embora para o lugar de onde vim, mas antes queria deixar a vocês um conselho: que tomassem cuidado com suas obras, pois, como diria Nosso Senhor, tem gente 'coando mosquito e engolindo camelo'. Cuidado, irmãos, muito cuidado! Deixo a todos um pouco da paz que vem de Deus, com meus sinceros votos de progresso a todos que militam nesta respeitável Seara.

Deu uma sacudida na médium, como nas manifestações de Umbanda, e afastou-se para o mundo invisível. O dirigente ainda quis perguntar-lhe o porquê de falar "daquela forma". Não houve resposta. No ar ficou um profundo silêncio, uma fina sensação de paz e uma importante lição: lição para os confrades meditarem."

Umbanda e Apometria

Infelizmente, falta muito ainda ao homem terrícola para despertar em si os verdadeiros valores morais de tolerância, fraternidade, universalismo e humildade intelectual[1] preconizados pelo Cristo-Jesus no seu sublime Evangelho. Desprezar os conhecimentos milenares dos antigos é cair num modelo de exclusão determinista e de estagnação, que contraria a progressividade que deve nortear a consciência dos homens no orbe terrícola. Vocês não devem estar dissociados da realidade que os cerca, qual peça rara intocável ou bom samaritano recolhido em convento religioso isolado da realidade.

Quanto aos nomes das práticas mediúnicas que adotam, tenham a certeza de que, para os espíritos que dão assistência a esses trabalhos de caridade, essa questão não tem a menor importância, assim como não nos importamos com o nome terreno da instituição, pois o que nos atrai é o padrão vibracional elevado do grupo, os

---

[1] Nota do autor: humildade intelectual e antissectária é o que devia decorrer da compreensão da advertência do Mestre: "Muitas outras coisas teria a vos dizer, mas vós não podeis suportar agora". Fica claro que um grande conteúdo de sabedoria ainda estaria para ser transferido **quando** a humanidade em geral estivesse apta conscienciamente ou, como disse Kardec a respeito do ensino dos espíritos: "A revelação fez-se assim parcialmente em diversos lugares e por uma multidão de intermediários e é dessa maneira que prossegue ainda, pois que nem tudo foi revelado" (*A gênese*, de Allan Kardec).

valores morais introjetados, baseados no Evangelho do Cristo, bem como o exercício da caridade gratuita e desinteressada independentemente de quaisquer doutrinas dos homens, pois somos imbuídos de um único ideal do "lado de cá", que é o amor crístico por todos vocês.

Ser espírita, católico, umbandista, budista, muçulmano, hinduísta, maçom, rosa-cruz, esoterista, teosofista ou completo ateu é somente uma experiência na carne, durante um interregno terreno transitório, na caminhada ascensional do espírito eterno rumo à angelitude. Essas questiúnculas não passam de atavismos que jazem em seu inconsciente, polêmicas que poderiam ser dispensadas, pois como pode alguém desprezar ou combater aquilo que foi em encarnação passada ou que virá a ser em vida material futura? O respeito à prática individual de cada um deve partir da premissa de que nenhuma é proprietária da verdade, e a Espiritualidade é única no Cosmo.[2] O que seria de todas as cores se todos gostassem do amarelo ou do lilás? Observem ao pôr do sol o arco-íris no horizonte e encontrarão as respostas da Divindade Superior.

A Umbanda, síntese vibratória nas sete grandes faixas dimensionais e de frequência no Cosmo, abrange um conjunto de leis que disciplinam o intercâmbio do espírito com a forma. Conhecida desde as mais antigas escolas iniciáticas que se estabeleceram no orbe terrícola, foi trazida de outra constelação planetária para contribuir na evolução da humanidade terrena. Nesta Nova Era, a Umbanda será compreendida em toda sua significação cósmica, por meio do resgate do seu sentido esotérico, da antiga *Aumbandhã* atlante. Haverá um descondicionamento de todas as práticas espúrias e animistas que se incorporaram nessa rica doutrina iniciática, em virtude da baixa moralidade dos cidadãos que conduziram os seus

---

2 Nota do autor: "Quando as religiões se convencerem de que só há um Deus no Universo, dar-se-ão as mãos, como filhos de um mesmo Pai e servidores de um mesmo Senhor, e assim um grande passo terão dado para a Unidade" (*A gênese*, de Allan Kardec).

desígnios no orbe. Os umbandistas sérios procuram uma unidade doutrinária adequada, imbuídos daquele ideal de solidariedade e fraternidade que deve prevalecer em qualquer iniciativa de unificação entre os homens.

A magia etéreo-física, a manipulação das forças energéticas da natureza, do fogo, da água, da terra e do ar, a verdadeira magia branca dos antigos magos *aumbandhãs*, peles-vermelhas atlantes, dispensa os esgares dos médiuns, o rufar de atabaques, a indisciplina, as práticas ridículas, o excesso de quinquilharias nos templos, o triste sacrifício de animais, denominando tais práticas abomináveis como se fossem Umbanda, ato que tanto expõe inadequadamente essa rica doutrina iniciática aos leigos e desinformados, advindo desse fato tantos desentendimentos. Os princípios que a regem não dispensam os consulentes da reforma íntima e da renovação moral. O Astral Superior já previu a depuração das práticas umbandistas, livrando-as das excrescências humanas, das vaidades e dos interesses particularistas e pecuniários dos mercadores de graças, que a tudo resolvem e garantem por meio dos despachos pagos.

A Apometria, técnica anímico-mediúnica de dissociação ou desdobramento dos corpos mediadores – etéreo, astral e mental –, foi apoiada pela Alta Fraternidade Branca do Astral, que planejou a Umbanda em solo brasileiro, como forma de resgate da pura magia branca atlante, da antiga *Aumbandhã* esotérica, aproximando as raças, unindo os homens, um novo conceito de congraçamento mediúnico. Nos grupos apométricos, os pretos velhos, os índios e os caboclos são aceitos e bem-vindos para exercitarem o trabalho de caridade, propiciando a cura e o soerguimento das criaturas pela manipulação etérea dos elementais da natureza e das energias nas sete faixas vibracionais do Cosmo. Essas técnicas magnéticas separatórias dos corpos mediadores sempre foram utilizadas pela Espiritualidade em toda a história da humanidade terrena.

As falanges de Umbanda operam no subsolo astralino, na contrapartida etérea que se encontra na subcrosta do orbe. O momento de depuração do carma planetário e a mudança das faixas de frequência no eixo magnético da Terra, abordados em outra oportunidade[3], fazem com que sejam intensas essas movimentações. Essas energias deletérias são neutralizadas, sendo feitos os desmanches dos trabalhos de magia negativa realizados pelas organizações trevosas que habitam esses charcos, reconduzindo à normalidade os muitos sofredores atingidos, encarnados na superfície da Terra e desencarnados dos mais variados estados conscienciais.

Diversos grupos espiritualistas já começam a utilizar a Apometria como técnica de trabalho em que os médiuns se desdobram conscientemente, participando de maneira ativa no encaminhamento das entidades espirituais enfermas. Essas técnicas "hodiernas" congregam arrojados métodos de indução magnética de desdobramento no intercâmbio com o plano extrafísico. As sessões mediúnicas desobsessivas tornam-se dinâmicas, perdendo a sonolência e a oratória evangélica enfadada de alguns dirigentes. Isso não quer dizer que o atendimento aos desencarnados deva ser pouco fraterno. Essas técnicas não dispensam os médiuns de estarem solidamente educados nas bases do Evangelho de Cristo, com elevada conduta ético-moral e, sobretudo, com trato amoroso com as entidades desencarnadas.

As incompreensões geradas quanto às técnicas apométricas são devidas à resistência ao novo e ao imobilismo de alguns dirigentes encarnados, acomodados aos anos de sonolência do grupo mediúnico, no qual muitos médiuns cochilam entendendo serem ótimos doadores de ectoplasma. Não devem exorcizar a Apometria qual demônio herege perseguido pela Inquisição na Idade Média. Ao contrário, estudem-na detalhadamente.

Alguns confrades contrários e mais exaltados correm para a literatura existente, na maioria de autores encarnados e não mediúnicos.

---

3 Vejam *Mensagens do Astral* (Editora do Conhecimento), de Ramatís, em que o tema é descrito com profundidade.

Procuram justificar que são fluidos diferentes e desestabilizarão os médiuns e o grupo, como se o leve estalar de dedos ou um silvo de entidade indígena fosse coisa esdrúxula, do diabo. Contemporizemos, nem tanto lá, nem tanto cá. A Apometria também é Espiritismo na concepção kardecista[4], assim como se aplica perfeitamente ao mediunismo umbandista. O grupo apométrico tem assistência da Espiritualidade e convive plenamente, de forma harmoniosa, com os demais trabalhos de caridade.

Outros alegam que nesses grupos não é observada a continuidade de atendimentos após as remoções de aparelhos parasitas e desmanches de feitiçarias. Ora, qualquer atendimento espiritual na face do orbe terrícola não dispensa a reforma íntima e a elevação moral como método seguro de cura definitiva. Logicamente, a todo atendido em grupo apométrico deve ser recomendado que continue sua evangelização cristã e se integre aos demais trabalhos de palestras e passes. É importante somar essa nova técnica, sem subtrair conceitos básicos de educação mediúnica, evitando assim as interpretações precipitadas dos desinformados, multiplicando os resultados na tabuada do amor cristão.

É chegado o momento da universalidade, do amor e da união de todas as religiões, que se consolidará neste Terceiro Milênio. A profecia do Cristo-Jesus, quando afirmava "eles escutarão a minha voz e haverá um só rebanho e um só pastor", se implementará gradativamente pelo equilíbrio entre ciência, filosofia e religião.

Ramatís

---

4 Nota do autor: quaisquer confrades das lides espíritas que se mostrarem imobilistas estarão contrariando frontalmente aquilo que Kardec apontou como "caráter da revelação espírita": ela "tem que ser, e não pode deixar de ser, essencialmente progressiva. [...] O Espiritismo assimilará sempre todas as doutrinas progressivas, de **qualquer ordem que sejam**, desde que hajam assumido o estado de verdade prática [...] sem o que ele se suicidaria. Se uma verdade nova se revelar, ele a aceitará" (*A gênese*, De Allan Kardec).

Observações do médium

Ficamos muito entristecidos quando observamos no meio espírita, dito universalista e não ortodoxo, preconceitos e interpretações totalmente equivocadas em relação ao movimento umbandista, de forma sectária. O maior agravante, na nossa opinião, é quando discriminam essas entidades amorosas e humildes, que são os índios e os pretos velhos, muitos tendo sido canonizados pelo Catolicismo em tempos idos e hoje desempenhando a caridade nessas configurações perispirituais.

Naqueles locais espíritas mais conservadores, desistimos de qualquer argumentação elucidativa de tais confusões, haja vista a ferrenha fixação nas obras básicas de Kardec, e tudo o mais não sendo considerado. Inclusive os esclarecedores ensinamentos kardecistas de *A gênese* e *Obras póstumas* não são muitas vezes considerados por esses irmãos, que alegam que essas obras não fizeram parte do Controle Universal dos Ensinamentos dos Espíritos (CUEE), mesmo que as experiências e os ensinamentos de Kardec ampliem os conhecimentos sem contrariar a codificação da Doutrina Espírita e, consequentemente, expandam a consciência dos seres imperfeitos e em evolução na carne, que somos todos nós.

Alguns entendem que essas entidades são somente uma tropa de choque, grosseira, indisciplinada, que não têm o trato fraterno com os irmãos desencarnados. Outros generalizam que todos os médiuns educados na Umbanda são extremamente anímicos e desordeiros, praticando o mediunismo mais sórdido, como se operassem em vil terreiro.

Diferenças entre nós à parte, constatamos seguidamente que na Espiritualidade essas entidades dão apoio imprescindível nos trabalhos mediúnicos dos quais participamos, com fluidos mais densos e desobsessivos. São essas "tropas de choque", das vibrações dos Orixás Ogum e Xangô, que adentram nos charcos trevosos umbralinos e valentemente resgatam muitos irmãos prisioneiros das organizações trevosas, trazendo os sofredores escravizados e os líderes escravizadores, quando necessário, para a manifestação mediúnica, seja na mesa kardecista ou no grupo apométrico. Tenham a certeza de que muitos médiuns videntes fazem que não veem esses irmãos por puro preconceito. A maior austeridade nessas movimentações não quer dizer falta de fraternidade.

Logicamente existem incompreensões no seio da própria Umbanda, que também é constituída de seres encarnados no plano terreno, assim como o são todos os movimentos religiosos, científicos e religiosos na Terra. Essa situação contribui para as confusões, visto que não há uma prática uniforme nas várias casas umbandistas e não se encontra uma unidade na própria literatura que trata desses assuntos.

* * *

O termo "Apometria" vem do grego *Apó*, preposição que significa além de, fora de, e *Metron*, relativo à medida. Representa o clássico desdobramento entre o corpo físico e os corpos espirituais do ser humano. Não é propriamente mediunismo, é apenas uma técnica de separação desses componentes.

A Apometria é uma técnica de desdobramento que pode ser aplicada em todas as criaturas, não importando a saúde, a idade, o estado de sanidade mental e a resistência oferecida. É um método geral, fácil de ser utilizado por pessoas devidamente habilitadas e dirigentes capazes.

O êxito da Apometria reside na utilização da faculdade mediúnica para entrarmos em contato com o mundo espiritual da maneira mais fácil e objetiva, sempre que quisermos. Para maiores informações, busquem como referência os livros escritos pelo médico e pesquisador dr. José Lacerda de Azevedo: *Espírito/matéria: novos horizontes para a medicina* e *Energia e espírito*, ambos editados pela Casa do Jardim (Porto Alegre, RS).[5]

---

5 Acesse: http://www.casadojardim.com.br

Do livro *Apometria para iniciantes*, de Patrícia Barz e Geraldo M. Borbagatto, transcrevemos as Leis da Apometria, para maior compreensão dos leitores ainda não afeitos a essa técnica:

1ª: Lei do desdobramento espiritual

Toda vez que, em situação experimental ou normal, dermos uma ordem de comando a qualquer criatura humana, visando a separação de seu corpo espiritual (corpo astral) de seu corpo físico e, ao mesmo tempo, projetarmos sobre ela pulsos energéticos por meio de uma contagem lenta, dar-se-á o desdobramento completo dessa criatura, conservando ela sua consciência.

2ª: Lei do acoplamento físico

Toda vez que se der um comando para que se reintegre no corpo físico o espírito de uma pessoa desdobrada (o comando sendo acompanhado de contagem progressiva), dar-se-á imediato e completo acoplamento no corpo físico.

3ª: Lei da ação a distância pelo espírito desdobrado

Toda vez que se ordenar ao espírito desdobrado do médium uma visita a lugar distante, fazendo com que esse comando seja acompanhado de pulsos energéticos por meio de contagem pausada, o espírito desdobrado obedecerá à ordem, conservando sua consciência e tendo percepção clara e completa do ambiente (espiritual ou não) para onde foi enviado. (Nota importante: esta lei é aplicada, de ordinário, em sensitivos que conservam a vidência quando desdobrados.)

4ª: Lei da formação dos campos de força

Toda vez que mentalizarmos a formação de uma barreira magnética, utilizando os impulsos energéticos por meio de contagem, formar-se-ão campos de força de natureza magnética, circunscrevendo a região espacial visada na forma que o operador *imaginou*.

5ª: Lei da revitalização dos médiuns

Toda vez que tocarmos o corpo do médium (cabeça, mãos), mentalizando a transferência de nossa força vital, acompanhando-a de contagem de pulsos, essa energia será transferida. O médium começará a recebê-la, sentindo-se revitalizado.

6ª: Lei da condução do espírito desdobrado de paciente encarnado para os planos mais altos em hospital do Astral

Espíritos desdobrados de pacientes encarnados somente poderão subir a planos superiores do Astral se estiverem livres de peias magnéticas.

7ª: Lei da ação dos espíritos desencarnados socorristas sobre os pacientes desdobrados

Espíritos socorristas agem com muito mais facilidade sobre os enfermos se estes estiverem desdobrados, pois que uns e outros, dessa forma, se encontram na mesma dimensão espacial.

8ª: Lei do ajustamento de sintonia vibratória dos espíritos desencarnados com o médium ou com outros espíritos desencarnados, ou de ajustamento da sintonia destes com o ambiente para onde, momentaneamente, forem enviados

Pode-se fazer a ligação vibratória de espíritos desencarnados com médiuns ou entre espíritos desencarnados, bem como sintonizar esses espíritos com o meio onde forem colocados, para que percebam e sintam nitidamente a situação vibratória desses ambientes.

9ª: Lei do deslocamento de um espírito no espaço e no tempo

Se ordenarmos a um espírito incorporado a volta a determinada época do passado, acompanhando-a de emissão de pulsos energéticos por meio de contagem, o espírito retorna no tempo à época do passado que lhe foi determinada.

10ª: Lei da dissociação do espaço-tempo

Se, por aceleração do fator tempo, colocarmos no futuro um espírito incorporado, sob comando de pulsos energéticos, ele sofre um salto quântico, caindo em região Astral compatível com seu campo vibratório e peso específico cármico (Km) negativo, ficando imediatamente sob a ação de toda a energia Km de que é portador.

11ª: Lei da ação telúrica sobre os espíritos desencarnados que evitam a reencarnação

Toda vez que um espírito desencarnado possuidor de mente e inteligência bastante fortes consegue resistir à Lei da Reencarnação, sustando, por largos períodos de tempo, a aplicação dela a ele próprio (para atender a interesses mesquinhos de poder e domínio de seres desencarnados e encarnados), esse espírito começa a sofrer a atração da massa magnética planetária, sintonizando-se, em processo lento mas progressivo, com o Planeta. Ocorre a redução de seu padrão vibratório, porque o Planeta exerce sobre ele uma ação destrutiva, deformante, que deteriora a forma do espírito e de tudo o que o cerca, em degradação lenta e inexorável.

12ª: Lei do choque do tempo

Toda vez que levarmos ao passado espírito desencarnado e incorporado em médium, fica ele sujeito a outra equação de tempo. Nessa situação, cessa o desenrolar da sequência do tempo tal como o conhecemos, ficando o fenômeno temporal atual (presente) sobreposto ao passado.

13ª: Lei da influência dos espíritos desencarnados, em sofrimento, vivendo ainda no passado, sobre o presente dos doentes obsediados

Enquanto houver espíritos em sofrimento no passado de um obsediado, tratamentos de desobsessão não alcançarão pleno êxito, continuando o enfermo encarnado com períodos de melhora, seguidos por outros de profunda depressão ou de agitação psicomotora.

Magia Aumbandhã

Encerra-se o primeiro ciclo do movimento umbandista em solo brasileiro. Durante esse período, ele angariou grande número de simpatizantes e fiéis. Se observarem, não houve movimento filosófico e religioso no orbe terrícola que durante tão curto espaço de tempo consolidasse tal número de seguidores, caracterizando expressiva hoste. Constatem a sabedoria do Alto, da Fraternidade Branca, que planejou essa movimentação, que previu o sincretismo como maneira de, no menor período possível, arregimentar tantos simpatizantes, decorrência natural da própria formação racial do nativo da pátria brasileira, em estreita conformidade com o carma da nação. O fato de não haver nenhuma codificação doutrinária foi fundamental nesse ciclo inicial de consolidação da Umbanda, pois, caso contrário, o movimento se estreitaria, tornando-se excludente e discricionário, ficando restrito a uma minoria étnica e social.

Não temos a pretensão, nestas singelas elucidações totalmente comprometidas com a verdade, de impor caminhos às criaturas nem de causar qualquer mal-estar aos mais ortodoxos em seus valores. Estamos, no entanto, comprometidos com o conhecimento universalista e crístico que palpita no Cosmo e com a expansão das consciências neste início de Nova Era. É irreversível a unificação dos homens em um único sentimento amoroso neste Terceiro Milênio.

Todo conceito novo e diferente de início desarranja a casa mental acomodada, qual tempestade de verão em solo empoeirado que, quando finda, traz brisa refrescante e bem-estar.

Sem nos tornar digressivos nestes escritos, ou assaz maçantes àqueles acostumados aos raciocínios estreitos de uma única verdade, anestesiados que se encontram pela mesmice dos pensamentos previsíveis gerados pela leitura de suaves romances, historietas novelescas e folhetins poéticos que hipnotizam a mente, paralisando-a diante da realidade espiritual perene que os cerca, é chegado o momento de serem mais "ousados" na proposta universalista e crística. Basta olharem para o que está ocorrendo em seu orbe, em constante ameaça de uma Terceira Guerra Mundial, ação nefasta das sombras e de imprevisíveis repercussões no equilíbrio planetário, neste grão de poeira "insignificante" no Universo infinito, para sentirem no âmago das suas almas de crianças quanto estão necessitados de mensagens com este teor, livres dos destrutivos convencionalismos religiosos terrenos.

Lembrem-se de que os espíritos, no mais das vezes, não são espíritas, umbandistas, muçulmanos, cristãos, católicos, esotéricos, maçons, ocultistas, hinduístas, budistas, entre tantas outras denominações terrenas, na concepção limitada e linear da maioria dos retidos no ciclo carnal. Eles são consciências em evolução, saudosos do Pai, tentando voltar ao seio da Divindade, à Perfeição Absoluta, Crística e Amorosa, e quiçá uma parcela significativa seja de consciências com um mínimo de luz que poderiam estar em paragens vibratórias mais sutilizadas, às quais, por benevolência, os Maiorais sidéreos concederam a permissão para a continuidade evolutiva e existencial, prestando auxílio caridoso a esta humanidade terrícola tão carente de despertamento amoroso e do verdadeiro sentimento crístico. Resgatem o conhecimento universalista milenar e antigo, destituído de mistérios, como forma de libertação das consciências que estão paralisadas, qual mofo persistente em porão escuro.

Um dos mistérios antigos da existência está simbolizado no número três, que seria como se fosse um pêndulo girando, ora da direita para a esquerda, ora da esquerda para a direita, produzindo o equilíbrio e o movimento no Cosmo. É a Trindade Divina: Vida, Verbo e Luz – *Vita, Verbum* e *Lux* –, que, na simbologia da Cosmogênese, pode ser considerada também como a trindade cristã: Pai, Filho e Espírito Santo. O Pai é a Vida, o poder e a força que rege todas as Leis de Causalidade no Infinito cósmico; é a vida em constante expansão, o movimento e a vibração que nunca cessam no Universo. O Filho é o Verbo, a palavra que sintetiza a forma, que estabelece os meios de manifestação da vida oriunda do Pai. O Espírito Santo é a Luz, não sendo nem substância, nem inteligência, e sim o resultado da inteligência do Pai com a substância do Filho, sendo a Lei Maior Divina que regula a manifestação da forma nas diversas latitudes do Cosmo. Esse é o simbolismo do triângulo e da Cosmogênese Divina que estiveram presentes no orbe terrícola em toda sua amplitude com a antiga *Aumbandhã*.

A significação dessa simbologia é que todas as formas de manifestação da vida são provindas de um mesmo Pai, e um princípio espiritual é a Lei da Harmonia no Cosmo, o Hálito de Deus onipresente e não encarnante, expressado como Orixás Maiores, regulamentando a manifestação dos espíritos na forma por meio das diversas densidades energéticas existentes no Cosmo. São os princípios herméticos caracterizando a Magia Universal ou *Aumbandhã*, a Senhora da Luz, agindo do microcosmo ao macrocosmo, da bactéria ao anjo, do protozoário ao arcanjo, pela equanimidade das leis cósmicas em todas as faixas vibracionais do Cosmo. A matéria-prima da Criação é a energia muito bem manipulada pelos alquimistas, ou o fluido cósmico universal dos espiritualistas e espíritas estudiosos. Essa magia dos Orixás, movimento e vibração que rege a vida em todas as formas de manifestação, é oriunda da Consciência Cósmica, a mente do Pai, que Se sobrepõe a todos os demais espíritos, cocriadores, pois o Criador é uno.

Há uma magia universal que não contraria as Leis Naturais, atuando em todos os recantos, agindo nas partículas subatômicas ou etéreas, sendo a manifestação física como conhecem na matéria, a parte "visível" a vocês das Leis Reguladoras do Criador. Os Orixás, vibrações provindas das leis reguladoras da vida, estabelecem a compactação da energia cósmica e a mantêm coesa nas sete faixas vibratórias do Cosmo, para os espíritos em evolução se manifestarem na forma.

Tudo no Universo é vibração e energia, nas mais diversas formas de manifestação do espírito. Vibrações são ondas, tendo comprimento e frequência que as distinguem. Existem forças sutis que mantêm a harmonia cósmica em todos os planos vibratórios. Os Orixás são essas forças sutis que podemos definir grosseiramente, pela falta de correspondência no vocabulário terreno, como Princípios Espirituais ou energias não encarnantes, e que não se manifestam mediunicamente. São agentes e veículos da magia universal, existentes nas sete grandes faixas vibratórias do Cosmo. Ao contrário dos Elementais, que também podemos definir como veículos da magia, são receptivos somente aos pensamentos para o bem, de maneira alguma estando associados ao mal, à feitiçaria e à magia negativa.

Esses Princípios Espirituais e vibratórios do Cosmo, não encarnantes, são denominados na Umbanda de Orixás Maiores ou Ancestrais. São conhecidos das civilizações mais antigas do orbe terrestre, desde a raça vermelha atlante, perdendo-se após os cataclismos e as migrações, como abordado anteriormente, e estão na sua maioria presentes nos alfabetos mais antigos. Não aprofundaremos os conceitos no Esoterismo umbandista para não causar confusão.

Para um entendimento mais claro, podemos dizer que esses Orixás dão sustentação à vida e ao equilíbrio planetário, regulamentando as energias ou forças telúricas, ígneas, eólicas e hídricas, presentes no Plano Astral em forma sutil e materializadas no plano físico em relação com os quatro elementos, que são a terra, o fogo, o ar e a água. São em número de sete vibrações com frequências próprias: Oxalá, Iemanjá, Yori, Xangô, Ogum, Oxóssi e Yorimá. Oxalá representa o Incriado, supervisionando as demais vibrações que interagem entre si e com o plano material como vocês conhecem. Iemanjá é o princípio feminino e está relacionado com a água. Xangô é a ação na humanidade terrena e no mundo da forma física. Yori seria a Divindade se manifestando por meio da Lei do Carma. Ogum está relacionado ao elemento fogo, às energias ígneas, sendo o mediador do fogo das paixões humanas. Oxóssi está ligado ao elemento ar, às energias eólicas e à natureza. A vibração de Yorimá – dos pretos velhos, a mais ativa de todas essas forças na manipulação vibratória – está mais diretamente ligada ao elemento terra e às energias telúricas. Na verdade, essas forças vibracionais se intercruzam, interpenetrando-se, e não temos, no plano físico e no homem, só um elemento que prepondere, e sim a presença dos quatro elementos da natureza.

Para efeito de maior elucidação, em face das diferenças de nomenclatura das diversas doutrinas espiritualistas e para ampliar seu entendimento, considerem que existe uma correspondência vibratória das energias e suas formas de manifestação por meio dos Orixás em relação aos sete grandes campos ou planos dimensionais: o átmico com Oxalá, Iemanjá em referência ao búdico, Yori ao mental superior, Xangô está ligado ao mental inferior, Ogum está para o Plano Astral e Oxóssi e Yorimá estariam para o etéreo e o físico, respectivamente.

O movimento no Universo nunca cessa. Tudo oscila, propaga-se e vibra. Nada é como era no milésimo de segundo anterior, embora o tempo, como o concebem, inexista. As afinidades atraem formas energéticas semelhantes. Há um princípio que rege a harmonia no Cosmo, desde o inconcebível macrocosmo até o ainda desconhecido e misterioso microcosmo humano. Os parâmetros utilizados por vocês para se situarem no meio em que se manifestam – a altura, o comprimento e a profundidade – são reduzidos demais para que possam sentir as verdades que os cercam. Ampliem, portanto, seu entendimento por meio do conhecimento universalista e estejam receptivos a conceitos que não lhes são simpáticos, mas que fazem sentido quando submetidos à razão.

A miscigenação étnica trouxe consequências culturais, sociais, filosóficas e religiosas que resultam numa depuração da religiosidade da pátria brasileira. A Umbanda tem fundamento, e o ciclo que se inicia foi há muito esquematizado no Espaço. A purificação dos seus aspectos ritualísticos e práticos resgatará sua elevada significação cósmica e os antigos princípios esotéricos e filosóficos em sua pureza doutrinária, contribuindo decisivamente com a unificação amorosa no Terceiro Milênio. Existe uma espécie de convergência irreversível que levará os homens a um outro estágio consciencial por sua Ancestralidade Divina, unindo-os irreversivelmente sob a égide do Cristo planetário e das Altas Fraternidades do Astral comprometidas com a ascensão crística e solidária da humanidade.

Ramatís

Oferendas e magismo da natureza

Na ascese evolutiva da centelha espiritual, conforme haja o processo de interiorização rumo ao Eu Superior, vai ocorrendo o "distanciamento" dos planos da forma. Há uma "perda" ou abandono gradativo dos corpos mediadores.

Com certeza o espírito em evolução habitará um dia planos mais "mentais", destituídos da forma como idealizam. O que é para vocês a diferença entre a evolução mediana ou a superior? Como é possível estabelecer esses critérios na carne? Uma benzedeira analfabeta no interior do país pode ser um espírito evoluído, ao contrário de um tribuno espiritualista de grande conhecimento e destaque. Do mesmo modo, o que "concebem" ser um espírito evoluído, de nome conhecido, pode ser de evolução mediana diante do pai velho discreto e anônimo que atende os doentes na tenda desconhecida, que é vista com olhar preconceituoso por ser umbandista. Para esse espírito iluminado que "desce" vibratoriamente de planos angelicais inconcebíveis para a visão nebulosa dos retidos no ciclo carnal, a procedência terrena da agremiação mediúnica não tem a menor importância, exercitando esse amorável ser a verdadeira caridade, que é humilde e anônima, como dizia o Divino Mestre: "Guardai-vos, não façais as vossas obras diante dos homens com o fim de serdes vistos por eles [...]". É conveniente lembrar que há três realidades distintas ligadas ao conceito de elemento, e, por questões de nomenclatura, às vezes se confundem. São elas: Elementais, Espíritos da Natureza e Formas-pensamento Elementares.

Os Elementais ou Energias Elementais – às vezes chamados de Elementais da Natureza – são energias primárias que sustentam toda a natureza. Não possuem forma nem, obviamente, individuação; apresentam-se em quatro modalidades ou faixas vibratórias, cada uma sintonizada com um dos quatro elementos: terra, água, fogo e ar. Como abordado em outro livro[1], o corpo físico do homem, à semelhança da terra, do ar, do fogo e da água, é instrumento partícipe da orquestra que toca a sinfonia cósmica. Essas formas energéticas, Elementais da Natureza, encontram-se em vocês por um mecanismo de semelhança. Muitas vezes, o homem desequilibrado dessas energias em suas polaridades vê-se diante de inusitadas situações, no mais das vezes adoecendo seriamente. Os magos de antigamente manipulavam com destreza essas energias primárias ligadas à natureza, propiciando a cura nos locais vibratórios adequados, quais sejam: as cachoeiras, matas, praias ou pedreiras. Com a movimentação dos Elementais, nesses recantos, conseguiam o reequilíbrio necessário, polarizando as cargas magnéticas despolarizadas.

A segunda realidade são as formas-pensamento Elementares, produtos da mente humana e compostos de substância astromental. As de baixo teor constituem a pior forma de poluição psíquica do planeta. Pairam à volta dos humanos, densas e deletérias, como decorrência das emanações mentais de baixa condição moral de grande parte dos terrícolas. Essas formas, por similaridade magnética e vibratória, têm as características de um dos quatro elementos da natureza, porque originalmente todos os encarnados têm em sua constituição energética do complexo físico, etéreo e astral correspondência vibracional com as energias da natureza que os abrigam em seu "hábitat" no orbe; do ar, da terra, do fogo e da água. Quando

---

1 Nota do autor: *Chama crística* (Editora do Conhecimento).

da constituição da forma-pensamento no Éter, o próprio magnetismo planetário encarrega-se de atraí-la, por um forte mecanismo de imantação, aos sítios vibracionais correspondentes ao elemento energético que preponderava no corpo somático quando das emissões mentais e que se encontra na natureza materializada ou manifesta na dimensão física. Naturalmente ocorre a desintegração desses morbos psíquicos continuamente emanados pelas mentes doentias dos encarnados. Sendo assim, é por essa razão que vocês têm uma sensação de leveza após um período de refazimento em matas, cachoeiras, praias ou após uma caminhada num parque em dia ensolarado.

Essas formas-pensamento foram erroneamente confundidas pelos videntes alquimistas da Idade Média com os espíritos que estagiam nos quatro sítios vibratórios da natureza terrícola, descritos na antiga Cabala hebraica (salamandras, silfos, gnomos e ondinas), interpretação equivocada que persiste até os dias de hoje.

Os magos negros e feiticeiros movimentam para o mal, a fim de causar doenças e desequilíbrios, por meio de rituais próprios, essas Formas-pensamentos Elementares eterizadas, que vagueiam no Plano Astral e que deveriam se desintegrar nos recantos vibracionais e energéticos da natureza – ígneos, eólicos, telúricos e hídricos (dos elementos fogo, ar, terra e água). Agem pela manipulação mental, imantando-as na aura e nos centros de energias (chacras) daqueles que pretendem atingir. A invocação dessas Formas-pensamentos Elementares é perigosa no que se refere aos arcanos mágicos da natureza, podendo causar sérios danos aos incautos e maldosos de coração que assim procedem. Esses médiuns magistas, denominados macumbeiros e conhecidos pelos despachos que "tudo resolvem", regiamente remunerados, vinculam-se a entidades desencarnadas de baixo escalão vibratório e moral, vampirizadoras, criando sérios comprometimentos cármicos de que, em muitos casos, somente muitas encarnações depois vão se desvencilhar. Esses não têm absolutamente nenhuma relação com a Umbanda, muito menos com seu princípio hermético e *Aumbandhã*.

A terceira realidade é a dos Espíritos da Natureza, às vezes simplesmente denominados Elementais, o que tem dado margem a equívocos. Constituem um reino de entidades ainda não humanas. São vinculados a determinados campos magnéticos e vibratórios, semelhantes em frequência aos Elementais do fogo, do ar, da terra e da água, como salamandras, silfos, gnomos ou duendes e ondinas. Esses Espíritos da Natureza estagiam nesses sítios vibracionais do Astral à "espera" de um corpo hominal. São servidores dos reinos da natureza. Encarnarão inicialmente em planetas mais atrasados, algo inóspitos, mas semelhantes às vibrações desses "Elementais". Esses irmãos não possuem a natureza setenária dos homens, não tendo ainda os corpos mental inferior e superior despertos, não possuindo, por isso, livre-arbítrio, discernimento e consciência moral. São capazes de sensação e visão. Potencializam as formas de pensamento, emoções e os sentimentos dos seres humanos, ampliando-os. Se as emissões de pensamentos do médium magista que os invoca forem de ódio, desastre e destruição, direcionando-os contra outro ser humano, serão multiplicadas sobremaneira as forças movimentadas para o mal, pois eles são eficientes manipuladores das energias da natureza. Refletem as ações dos homens a que se vinculam, pois, sendo amorais, são indefiníveis do ponto de vista do bem ou do mal, tendo uma conduta semelhante a um animal doméstico; um cão pode ser dócil ou feroz, condição que reflete, na maioria das vezes, o estado psicológico do homem que o criou.

Determinados sons, cores e invocações, aliados à força mental do pensamento do médium magista ou mago que tem a assistência dos bons espíritos, despertam a sensibilidade desses Espíritos da Natureza para o bem e para a cura; associados aos fluidos ectoplásmicos exsudados, repercutem no Plano Astral, que é de grande plasticidade em relação ao impulso mental, levando a uma materialização fluídica invisível a vocês. Essas exteriorizações ritualísticas se fazem necessárias como ferramentas de apoio para a formação da egrégora requerida a essas manipulações. A música eleva ou diminui a frequência cerebral e as descargas eletromagnéticas, aumentando ou diminuindo o número de sinapses nervosas. Os mantras, os cânticos sagrados, eram muito utilizados na Atlântida, na Índia e no Egito Antigo, proporcionando, quando repetidamente utilizados, profunda inspiração devocional e facilitando a concentração. Na Umbanda, a formação da egrégora e a canalização das emoções do corpo mediúnico são realizadas por meio dos cânticos, apurando as vibrações, reequilibrando a mente com o corpo e facilitando a sintonia com os guias e protetores.

As oferendas de coisas materiais na natureza seguem o princípio de que essas ofertas sejam compostas das energias primárias dos quatro elementos, exatamente as que estão faltando aos médiuns. A ideia é restituir-se à natureza aquilo de que se está precisando para refazimento, para recomposição do equilíbrio do equipamento mediúnico, assim mantendo respeitosamente a harmonia da natureza doadora.[2] Claro está que a simples presença na natureza seria suficiente para tonificar o homem no seu complexo etéreo-astral. Na verdade, são um mecanismo de auxílio válido, que serve de apoio exterior para um intercâmbio "magístico" com os elementais, tornando-o mais efetivo. Obviamente, prepondera a força mental invocativa que se forma na egrégora coletiva, que tem a assistência amorosa dos bons espíritos, caboclos e pretos velhos. Ressalta-se que nenhum espírito elevado, mentor caridoso, precisa de oferendas materiais. A melhor oferta sempre foram os bons sentimentos e o amor ao próximo.[3]

---

2 Nota do autor: é como se uma pessoa, ao ser levantado o seu mapa astrológico natal, verificasse que tem carência de um ou mais dos quatro elementos na sua constituição psíquica. Um bom astrólogo recomendaria, para o equilíbrio, que se aproximassem ou manipulassem as expressões físicas do elemento faltante. Exemplo: se alguém tivesse pouca ou nenhuma "terra" (tendo dificuldade de lidar com as coisas práticas, com o corpo físico, com o mundo material etc.), poderia cuidar de plantas, mexer na terra, andar descalço nela, trabalhar com argila, plantar.

3 Nota de Ramatís: distingam as oferendas ligadas à magia da natureza, comuns na Umbanda, dos despachos de encruzilhadas, que alimentam o submundo do Astral Inferior, em processo simbiótico vampirizador de larga escala na crosta

As oferendas entregues à natureza são práticas espúrias, ignorantes e menores? Ou será o puro mentalismo a solução para todos os males? Quantos de vocês conseguiriam ser todo o tempo "mentais"? Não é pelo fato de o orbe terrícola estar mudando de pré-escola para ensino primário que devem ridicularizar o que não compreendem em sua plenitude. Malgrado as opiniões contrárias, a magia sempre existiu e continuará existindo no Cosmo. Uma mera oração sonorizada caracteriza um instrumento ritualístico que os leva a uma manipulação energética, qual médium magista nos recantos da natureza. Não esqueçam que as energias ígneas, eólicas, telúricas e hídricas estão em vocês, e não desprezem as práticas ligadas à natureza, de que são muito necessitados para o perfeito fluxo energético entre todos os corpos mediadores do espírito, em especial o complexo físico, etéreo e astral.

Rogamos ao Pai que estejam todos vocês imbuídos de um único ideal, crístico, e que o conhecimento seja a mola propulsora do discernimento dos homens, fazendo com que cada individualidade em evolução encontre seu caminho, mas que tenham interiorizado que no Cosmo infinito muitos são os trajetos que levam a um mesmo destino. Incompreensões, quando existem entre vocês, não refletem o que verdadeiramente ocorre na Espiritualidade, e sim a estreita percepção das realidades vibratórias que os cercam, decorrência da limitação consciencial que o corpo físico impõe ao espírito em eterno aprendizado e aperfeiçoamento. No mais das vezes, obnubilam a sensatez sobre o que seja a pura caridade cristã, chegando ao ponto de distinguirem um espírito do outro, baseando-se em valores terrenos excludentes, deterministas, preconceituosos e transitórios.

---

planetária, fruto dos interesses mundanos de médiuns macumbeiros que a tudo resolvem para seus consulentes, movidos pelo vil metal. A Umbanda respeita o livre-arbítrio e o merecimento individual e não faz rituais de sangue e, sob hipótese alguma, sacrifícios animais. A verdadeira Umbanda, com suas falanges benfeitoras, não requer fluidos ectoplásmicos emanados do sangue derramado, e sua magia se liga ao amor e às Leis de Causalidade que regem os movimentos ascensionais. Esses despachos não têm nenhuma ligação com a Umbanda Sagrada.

Da maneira que julgarem serão julgados, é da Lei que rege os movimentos ascensionais do espírito eterno, e conforme medirem igualmente serão medidos. A consciência da Nova Era impõe a convivência harmoniosa entre todos, o que inevitavelmente acontecerá neste milênio que está no seu início e que vocês poderão constatar no futuro próximo, pois são imortais assim como o Pai.

Ramatís

Orixás: corpos e chacras

Antes de os homens-espírito habitarem a forma nesta partícula "insignificante" do Cosmo infinito, há muitos bilhões e bilhões de anos já existiam as leis reguladoras dos movimentos evolutivos, como uma unidade perene que vem do Imanifesto, de Deus. No princípio, quando surgiram as primeiras raças no orbe terrícola, havia um único idioma e uma só religião. Portanto, não devem objetar ao novo por inicialmente contrariar os conceitos estabelecidos, pois esquecem muito facilmente que não são únicos no Cosmo, e o que aparentemente é a verdade para vocês faz parte de uma verdade maior incomensurável para a consciência nos primeiros degraus ascensionais do espírito eterno.

A maior incompreensão que ocorre em relação aos verdadeiros postulados umbandistas é a de que eles não se regem pela moral cristã. A outorga do Cristo aos serviços da caridade e do bem não instituiu nenhum exclusivismo no orbe. Não existe seita, religião, associação, filosofia, doutrina ou crença na superfície planetária que tenha a prerrogativa e a posse exclusiva do legado cristão em relação a outra. O sectarismo, em qualquer segmento terreno, contraria o universalismo dos ensinamentos do Divino Mestre, que, nunca é demais relembrar, não fundou nenhuma instituição terrena.

Quando os escravos, que mesmo nas senzalas escuras, insalubres e fétidas, não tinham a liberdade de culto dentro da fé que professavam (não houve injustiça cármica, pois muitos foram ferrenhos inquisidores em vidas passadas), resolveram adotar as imagens dos santos católicos para apaziguar a ira dos senhores e capatazes, pressionados pelo clero sacerdotal inquisidor, estavam dando o passo decisivo rumo ao sincretismo necessário para a propagação unificadora das crenças que deveria acontecer em solo pátrio. Logo, não foi um movimento de fé que gerou a similaridade com as santidades do Catolicismo, e sim uma iniciativa para a preservação do direito de expressão religiosa original desses escravizados. Como as culturas africanistas, em especial as predominantes no Congo e em Angola, tinham por hábito a transmissão oral dos conhecimentos, as novas gerações de escravos nascidos nas senzalas adotaram o sincretismo baseado numa nova e verdadeira fé. Os negros, geralmente de extraordinária memória, sempre mantiveram os mais antigos conhecimentos das tribos, crenças e tradições pela oralidade. Foi assim que se preservou a maior parte dos ensinamentos iniciáticos da religiosidade praticada, de uma geração a outra, de casta em casta.

Essa identificação com os santos católicos não é real na Espiritualidade, pois os Orixás são como princípios espirituais ou energias não encarnantes. Muitos desses santos canonizados inclusive já reencarnaram, assim como muitos espíritos "conhecidos" e "elevados" na visão dos homens se encontram a dar consulta como preto velho ou caboclo, discretamente, em humildes casas umbandistas.

Aos neófitos amedrontados pelas nomenclaturas e práticas exteriores diferentes da Umbanda, provindos das mais diversas religiões, e muitos tendo o contato com o mediunismo pela primeira vez, faz-se necessário o conhecimento, que desperta o discernimento crítico e a sensatez cristã. Não é o fato de se ter a imagem de um "santo" conhecido que garante a assistência dos bons espíritos. Certo está que ainda existe um excesso de fetichismo, mas que, aos poucos, vai-se enfraquecendo e depurando. Da mesma maneira, não é a ausência total de cultos exteriores que garante a egrégora vibracional elevada do agrupamento mediúnico, como se tal feito fosse pré-requisito para a assistência mentalista dos bons espíritos. Jesus sempre andou com os estropiados, excluídos, pobres, ignorantes, doentes, incultos e crentes de todos os matizes e foi o espírito mais elevado e de mais alto mentalismo que pisou em solo terrestre.

O cerceamento habitual, nas mesas kardecistas, desses irmãos amorosos, quais sejam, os pretos velhos e silvícolas, dá-se mais pela discriminação preconceituosa dos encarnados do que propriamente pela questão fenomênica da mediunidade ou pelas interpretações relacionadas com os princípios doutrinários do Espiritismo.

Certo está que o espiritualista e o espírita têm razão do susto e amedrontamento que lhes ficou registrado no psiquismo diante do disparate inusitado quando passaram em frente da casa pretensamente "umbandista" e enxergaram o "pai de terreiro" paramentado, rodopiando aos uivos, com espada na mão, gritando "Ogum oiê", no meio de pólvora incandescente e do cocorocó dos galináceos, com alguns assistentes tentando segurar o caprino que se debatia desesperado diante do sacrifício iminente. Respeitem a consciência individual e as manifestações exteriores de cada culto, não se deixando levar pelos equívocos, que somente são esclarecidos pelo conhecimento, baseado na sensatez cristã.

Como explicado anteriormente, os Orixás são em número de sete vibrações com frequências próprias: Oxalá, Iemanjá, Yori, Xangô, Ogum, Oxóssi e Yorimá. No Cosmo, tudo é vibração. A onipresença de Deus estabelece leis próprias para a harmonia universal. Em cada plano vibracional existe uma frequência específica, subatômica e imperceptível aos olhos materiais, de inexoráveis movimentos magnéticos provindos e correspondentes aos sete grandes campos dimensionais que estão em vocês, que são os corpos atômico, búdico, mental superior, mental inferior, astral, etéreo e físico. Estes, por sua vez, se encontram em vocês em perfeita similaridade, na Lei de Correspondências Vibracionais, com os chacras coronário, frontal, laríngeo, cardíaco, umbilical, esplênico e básico, pois são partículas destinadas a voltar ao Todo, que vibra em diapasão que ainda não podem compreender. Numa definição *Aumbandhã* e hermética, esses sete princípios espirituais não encarnantes, denominados Orixás desde as raças mais antigas do orbe, regulamentam os movimentos ascensionais e de manifestação dos espíritos na forma, em todas as paragens do Universo infinito. É como se fossem representantes do Imanifesto e Imponderável, que é Deus, que a todos assiste veladamente.

O corpo átmico, que reveste a ulterior centelha divina ou mônada, Eu Cósmico ou espírito puro, elo imprescindível e fundamental que orienta e determina todos os outros corpos de manifestação na forma, está em posição vibrada correspondente ao princípio regulador de Oxalá, que é a Luz do Senhor, e provém diretamente do Incriado, do Pai. É a própria energia do espírito e da vibração crística. Essa elevada frequência vibratória acompanha os movimentos transmigratórios de um orbe para outro no Cosmo. O chacra coronário recebe essas influências, pois é o centro de forças com maior potencialidade radioativa do homem, sendo estupenda ponte de ligação com o Alto, a própria sede da consciência do espírito. As entidades espirituais que atuam nessa onda vibracional são os mentores responsáveis pelos desígnios evolutivos dos terrícolas, mestres cármicos e orientadores de pontos de doutrina dos movimentos religiosos e filosóficos do orbe. Na magia etéreo-física, trabalham na higienização da aura planetária, mantendo os movimentos de transmigração para outros planetas de espíritos que não têm mais condição moral de permanecer na aura da Terra, e, por meio das tempestades e varreduras energéticas astralinas nas regiões do Umbral Inferior, adaptam às faixas de frequência do eixo planetário as comunidades que permanecerão na psicosfera terrícola.

O amor e a sabedoria do corpo búdico, o pensamento criador, a força da individualidade, da moral e da intuição estão vibratoriamente associados às energias de Iemanjá, Orixá que atua em toda a natureza simbolizado na percepção intuitiva aguçada do feminino. Atua na Cosmogênese por meio das energias criadoras, fecundativas e de gestação. Incide diretamente no chacra frontal, conferindo, quando esse centro é desenvolvido, a clarividência da natureza astral e dos seus cenários coloridos. No campo da magia, refere-se ao apoio mantenedor da Terra pelo magnetismo lunar, princípio energético feminino que equilibra as marés e os grandes movimentos oceânicos.

Veículo de manifestação do intelecto e do pensamento abstrato, o corpo mental superior é a inteligência que modela a estrutura dos demais corpos, e igualmente o Orixá Yori rege a manifestação do espírito na forma que lhe é devida desde os planos crísticos de Oxalá e Iemanjá. Assim, o chacra laríngeo é seu correspondente, pois esse vórtice energético recebe cooperação dos chacras coronário e frontal mais diretamente que os demais. A materialização das ideias por meio do verbo articulado sonoramente exige a manipulação de quase todas as forças etéreo-magnéticas do corpo astral. Os espíritos magistas dessa vibração apresentam seus corpos astrais configurados no formato de inocentes crianças e neutralizam quaisquer energias dos elementos etéreos provindos da terra, água, do ar ou fogo.

Os pensamentos mais simples e concretos são do corpo mental inferior, e Xangô, Orixá da justiça que impera no Cosmo, é sua posição vibrada, sendo a Lei do Carma a disciplinadora que equilibra a ação e a reação, a causa e o efeito. Liberta as consciências em evolução, disciplinando-as sob a justa aplicação da Lei. O chacra cardíaco está mais ligado em termos vibracionais a esse Orixá e ao corpo, pois é o centro de força do equilíbrio, qual precisa balança que mede as emoções e os sentimentos dos homens. Os irmãos espirituais que atuam com essas vibrações corrigem os erros e desacertos, julgando e fazendo justiça nos entrelaçamentos reencarnatórios traçados pelos Mestres Cármicos.

O corpo astral ou perispirítico é o mediador plástico de manifestação do espírito nos corpos físico e etéreo e está relacionado com as emoções. O Agni dos hindus, ou Ogum, é o Orixá das demandas, das aflições e lutas. Há um combate na evolução das criaturas no Cosmo, pois se impõem diante da Lei de Causalidade os desmandos e sofrimentos que amadurecem as consciências e libertam do jugo carnal, no longo caminho ascensional de volta ao seio amoroso do Pai. Leva inexoravelmente aos tribunais divinos aqueles que se fazem faltosos com as Leis Divinas. O chacra umbilical, por ser o centro de forças de energias etéreas que faz o homem perceber as emanações adversas e afetivas que habitam os ambientes em que atua, está relacionado com as "aflições" de Ogum. Os espíritos que se movimentam sob a égide de Ogum são os "guerreiros" que bravamente combatem nos charcos pegajosos da subcrosta terrestre e, juntamente com os irmãos pretos velhos e silvícolas das demais linhas vibratórias ou Orixás, são a linha de frente que dá sustentação aos labores medianímicos desobsessivos da crosta planetária, principalmente quando há resgates e transportes coletivos de entidades sofredoras e malévolas escravizadas e torturadas pelos magos negros e suas organizações trevosas. Isso ocorre independentemente da nomenclatura terrena das agremiações espíritas ou espiritualistas com as quais colaboram.

A intermediação entre o corpo astral e o físico se dá pelo corpo etéreo, que tem função vitalizadora e é responsável pelo metabolismo do ectoplasma e do complexo fisiológico do homem. O Orixá Oxóssi é a vibração que interfere nos males físicos e psíquicos; regula as energias eólicas e os elementos expansivos da natureza. Nesse caso, o chacra esplênico é o que tem maior intimidade com o corpo etéreo, pela sua função vitalizadora do organismo e por regular a "entrada" do prana que paira no ar terrestre. Os silvícolas e caboclos que atuam na magia de Oxóssi manipulam as energias do ar, das plantas e ervas, adicionadas ao ectoplasma vitalizado dos seres e médiuns encarnados, com a precípua finalidade de cura.

O corpo físico é o veículo mais denso de manifestação do espírito imortal na matéria. Yorimá, o Orixá das forças e energias telúricas, tem a vibração cósmica no elemento terra e com o éter mais densificado das regiões umbralinas. O chacra básico é o responsável pelas energias da Terra e pelo fogo kundalíneo, ativando as energias inferiores e instintivas próprias dos homens animalizados. Essas energias foram muito utilizadas pelos magos negros da Atlântida, Caldeia e do Egito, que desviaram os conhecimentos *Aumbandhãs* para o malefício e para a feitiçaria. Desde aquela remota época, querem ter o controle da humanidade e intimidar a subida angélica dos homens. Os pretos velhos são exímios manipuladores desses fluidos densos, necessários aos desmanches e às varreduras energéticas realizados com a proteção de Oxalá, do Cristo planetário.

Na antiga Grécia, Pitágoras instruía seus discípulos asseverando simbolicamente que "os sete modos sagrados emanados das sete notas correspondiam às cores da luz, aos sete modos da existência reproduzida em todas as esferas da vida material e espiritual [...]". Referia-se aos sete grandes planos dimensionais existentes no Cosmo, com suas interpenetrações vibratórias, de frequências e densidades diferentes. Existe uma relação entre os sete corpos, os sete chacras e os sete Orixás ou princípios vibratórios reguladores da manifestação dos espíritos na forma. Para um melhor entendimento, e diante da falta de palavras no vocabulário terreno, podemos dizer que é como se os corpos e os chacras se correspondessem vibratoriamente, mas estando entrelaçados ou cruzados com essas energias reguladoras não encarnantes que são os Orixás[1] e que pairam em todo o Cosmo.

---

1 Nota do autor: haja vista a dificuldade, normal, de alguns leitores compreenderem em um primeiro momento o conceito de Orixás, temática consideravelmente abstrata, e para servir como referência aos espiritualistas estudiosos, sugerimos o livro *O arcano dos sete Orixás*, de autoria de F. Rivas Neto (Editora Ícone), em que o leitor poderá se aprofundar sobre a significação dessas vibrações, em conformidade com a Umbanda Setenária preconizada por Ramatís. Para maiores esclarecimentos, inclusive com várias tabelas e mapas explicativos, indicamos a obra *Umbanda de todos nós*, de W. W. da Matta e Silva (Editora Ícone). Ainda, igualmente elucidativas, recomendamos *Umbanda, essa desconhecida* e *Serões do Pai Velho*, de Roger Feraudy (Editora Hércules).

Esse conhecimento uno, milenar, da antiga *Aumbandhã* se perdeu após todos os movimentos migratórios do orbe, advindo desse fato a diversidade idiomática e de nomenclaturas que confunde os homens, gerando as ideias preconcebidas e os conflitos destruidores. Não adentraremos nas elucidações quanto à regência dos astros e suas influências vibracionais e magnéticas para o equilíbrio da vida no sistema planetário, esclarecimentos que ficarão para uma mensagem subsequente, a fim de resguardá-los do excesso de raciocínio abstrato com o qual não estão familiarizados. Faz-se necessário um exercício de fixação conceitual, sob pena de desacomodarmos abruptamente a casa mental excessivamente cristalizada no já sabido, desarranjando a estrutura de sustentação da mente na segurança de que somente o que sabem de sua seita, religião, doutrina, filosofia ou associação é o correto e verdadeiro, atavismo destruidor e separatista tão antigo quanto a própria humanidade.

Não se deixem levar pelos valores transitórios, que ruirão qual frágil castelo de areia abraçado pela onda do mar. A visão dos homens se satisfaz com a permanência do que está estabelecido, numa concepção equivocada, quando descartam o novo que transforma o velho. A intimidade oculta aos poucos vai se tornando de senso comum, e o que a uma primeira e precipitada avaliação é recusado peremptoriamente vai mostrar-se mais adiante de pleno conhecimento do homem da Nova Era, que não estará retido nos escravizadores grilhões terrenos.

Ramatís

Regência vibratória dos astros

Vocês estão imersos num oceano infinito de energia e vibrações. São partículas de um Todo que não podem compreender em sua plenitude, uma vez que o equipo físico, corpo finito, transitório e perecível, condiciona as percepções aos limitados cinco sentidos da organização anatomofisiológica que ocupam, restringindo-os a percepção do Infinito, do Cosmo. A matéria como entendem, ponderável aos olhos terrenos, está circunscrita num campo de frequência restrito, e a "matéria" etérea e sutil constituída do Fluido Cósmico Universal é imponderável a vocês.[1] No entanto, existem densidades no Cosmo que somente agora a ciência começa a descortinar. Na forma como a enxergam, são transformações da matéria-prima cósmica ou fluido universal, circunstância que leva à coesão subatômica, atômica e molecular nas diversas dimensões de manifestação do espírito.

O homem é uma concepção da Mente Onipresente do Criador. O espírito, viajor no Cosmo infinito, nunca está só. Tudo é

---

1 Nota do autor: os astrofísicos concluíram, sem sombra de dúvida, pelo comportamento observado no Universo, que apenas 5% da matéria deste corresponde à matéria visível. Aos 95% restantes, que "devem existir de alguma forma em algum lugar", convencionou-se chamar de matéria escura – não confundir com buracos negros. Sua existência é teoricamente irrefutável (só isso explicaria a estrutura e o funcionamento cósmico, tal como formulado pela Astrofísica avançada), embora ainda não detectável pela instrumentação.

energia, movimento, vibração e frequência, independentemente do plano de manifestação. Cada momento é único e não se repete na caminhada evolutiva diante da Eternidade porvindoura. Devem eliminar as barreiras de espaço-tempo conhecidas e ampliá-las na direção de novos níveis de energias que, por enquanto, vocês ainda não conhecem. A concepção do mundo material sólido desaparece, dando lugar a um Universo rico em deslocamento a velocidades incríveis.[2] As tremendas cargas de energias existentes e em mudanças contínuas requerem novos conceitos da esfera espiritual e que sejam complementares e totalmente diferentes dos originados até então, principalmente os mantidos teimosamente pela ortodoxia exagerada e pela ciência mecanicista, lembrando que vocês são integrantes das Leis Universais que regem a harmonia em todo o Cosmo, portando não podem estar ausentes como se fossem filhos rebeldes que fogem da casa paterna. Nenhuma partícula do Cosmo pode escapar de suas leis regulativas.

O homem, à semelhança da lagarta retida no casulo, condicionou-se às percepções dos grosseiros sentidos físicos, processo de condicionamento que jaz solidificado no inconsciente. Cada vez mais a observação e os apelos regulares do ambiente que o cercam, quais sejam, os excessivos estímulos visuais e auditivos da sociedade hodierna, levam a um forte alheamento das realidades dimensionais

---

2 Nota do autor: as galáxias, depois do "Big Bang" – a explosão originária do Cosmo material –, continuam afastando-se umas das outras em grande velocidade, como num espetáculo de fogos de artifício. As últimas observações estelares de supernovas atestam que essa expansão do Universo está se acelerando. O que motiva isso, a ciência ainda ignora. Além disso, nossa galáxia, como outras, gira sobre si mesma com uma imensa velocidade, carregando-nos e a todos os seres que contém, em permanente e vertiginoso deslocamento duplo no Espaço infinito. A cada instante, nossa posição no Cosmo se altera, para jamais se repetir. Os níveis mais densos e sutis de existência são universais, e as forças energéticas reguladoras são únicas e não dependem do planeta e da localidade cósmica. Na longa caminhada evolutiva do terrícola, as formas se desenvolveram e se manifestaram seguindo as leis regulativas do Pai, embora dentro dos estreitos limites estabelecidos pela própria natureza precária desse plano de manifestação, equivalente ao seu grau consciencial.

que o envolvem. É chegado o momento de a crisálida interromper esse ciclo e virar borboleta, alçando o voo que lhe é destinado.

Dentro da programação reencarnatória do espírito eterno e em conformidade com o carma e o livre-arbítrio individual, faz-se necessária vibração específica a ser imposta ao corpo astral, que culmina no momento exato do nascimento. Não são casuais o segundo, o minuto, a hora, o dia, a semana, o mês e o ano do calendário terrestre em que se completa o processo gestacional formando o novo corpo a ser "ocupado" e que tem vibração peculiar e única no Cosmo, visto que esse momento sublime não se repetirá jamais, em decorrência do movimento contínuo do Universo, que não se repete. As predisposições milenares que o espírito traz em seu inconsciente repercutirão na nova personalidade, que será trabalhada dentro do entrelaçamento cármico que lhe é devido, assim como se fará de grande valia a ingerência do núcleo familiar imposto pela parentela consanguínea, bem como o meio social em que esse irmão estará inserido. A vibração peculiar que se cria pela injunção vibratória da posição dos astros e do Cosmo como um Todo, desde o momento da concepção até o exato instante do parto, marca no corpo astral vibração específica, que é de suma importância para a evolução e o sucesso desse ser na referida experiência na carne.

O momento do nascimento contém uma espécie de radiografia precisa da vibração própria do espírito na sua encarnação, a qual lhe é devida para o crescimento consciencial e evolutivo. Há uma regência vibratória dos astros que demarcou seu corpo astral e que o acompanhará até o momento do desencarne. Essas injunções ocasionarão especificidades em seus impulsos, emoções, sentimentos e pensamentos, importantes para a personalidade que deverá consolidar-se.

Além desses aspectos, as energias oriundas do inesgotável reservatório universal, do Onipresente, que jorram e pairam a sua volta, fluirão pelos chacras desde os corpos mental, astral, etéreo até o físico. Os chacras vibrarão em diapasão idêntico ao do instante cósmico do ato de nascer e logicamente muito dependerão das vivências e da sublimação dos instintos inferiores e da exaltação do Eu Superior para estarem equilibrados. Essas vibrações próprias, influenciadas decisivamente pela regência vibratória dos astros, são incomparáveis às de outros espíritos reencarnantes e são totalmente coerentes com a posição vibrada universal equivalente à exata ocasião em que se deu o nascimento.

Antes de adentrarmos nas considerações referentes à regência vibracional dos astros e suas ligações com os Orixás e chacras, consequentemente com o equilíbrio energético das polaridades do indivíduo, importantíssimo para a saúde e para o entendimento da etiologia das doenças numa concepção holística e cósmica, iremos abordar algumas nuanças quanto ao corpo mental, ainda algo desconhecido de muitos operosos obreiros da mediunidade.

As energias que são trocadas ininterruptamente passam primeiro pelos chacras do corpo mental, que são bastante semelhantes aos dos corpos astral e etéreo. Na verdade, estão interpenetrados como se fossem um só. Contudo, a mente é mais complexa do que as emoções e os sentimentos do corpo astral. A originalidade e o poder conceptual da mente acompanham o espírito milenar, sendo o principal fulcro gerador dos desequilíbrios e das doenças ou o sustentáculo firme da bonança saudável. Os hábitos e os fortes condicionamentos mentais arraigados podem representar os fatores de origem negativos e positivos, quais sejam, de desarranjos vibratórios causadores das mais diversas patologias ou da desejada saúde perene.

A mente abstrata percebe as concepções de ordem elevada. A ideação antecede a ação e as emoções. As variáveis da vida, em sua estruturação no campo mental, devem proporcionar equilíbrio, harmonia e felicidade ao homem. Quando essas variáveis estão harmonizadas, o fluxo energético canalizado pelos chacras, oriundo da fonte abundante do Altíssimo, desde o corpo mental até o físico, exibe um ritmo constante e isento de quaisquer obstruções. Infelizmente, essa condição é minoria nos cidadãos terrícolas, tão estressados e sujeitos diariamente aos pensamentos negativos e às tempestades emocionais que afetam os corpos etéreo e físico.

O corpo mental é um ovoide, algo semelhante ao corpo astral, mas de conformação diferente e um pouco maior, estendendo-se em torno de noventa centímetros em volta do corpo físico. O indivíduo mais sintonizado com seus pensamentos e que submete suas emoções e paixões à razão crística possui geralmente esse corpo mais brilhante e translúcido que os demais, sendo ativo e luminoso, em tons amarelados. Os corpos mental, astral e etéreo estão intimamente relacionados, pois os pensamentos afetam as emoções e os sentimentos, que, por sua vez, tornam-se somáticos no bem-estar ou no desequilíbrio.

Como aludido anteriormente, em cada plano vibracional existe uma frequência específica, subatômica e imperceptível aos olhos, de inexoráveis movimentos magnéticos da Lei de Correspondências Vibracionais e com os chacras coronário, frontal, laríngeo, cardíaco, umbilical, esplênico e básico, que, por sua vez, sofrem injunções vibratórias dos astros desde o momento do nascimento, respectivamente, do Sol, da Lua, de Mercúrio, Júpiter, Marte, Vênus e Saturno, conceitos também da antiga e multimilenar *Aumbandhã*. Igualmente, estão relacionados com os Orixás Oxalá, Iemanjá, Yori, Xangô, Ogum, Oxóssi e Yorimá e com os sete grandes planos dimensionais e vibratórios, que são o átmico, o búdico, o mental superior, o mental inferior, o astral, o etéreo e o físico. Na verdade, todos os astros influenciam, estando como que unidos numa "mesma" onda vibracional do Cosmo, mas, para efeito de consolidação de conceitos que são novos a vocês, abordaremos os principais, que estão mais ligados aos sete Orixás e ao antigo princípio setenário e hermético *Aumbandhã*.

O chacra coronário tem correspondência vibratória com o Sol e o Orixá Oxalá, a energia criativa e a mais elevada irradiação do espírito eterno no homem em seus anseios criativos, ideações e expressão do intelecto. Quando há desequilíbrio nessas vibrações, o encarnado torna-se arrogante e orgulhoso, tendo grande necessidade de reconhecimento.

O chacra coronário, quando desarmonizado, pode afetar toda a função do cérebro. As doenças causadas pelo desequilíbrio dessas vibrações interferem como disritmias cerebrais, afetando as sinapses nervosas e reduzindo a atividade energética dos lobos frontais. Essas perturbações podem gerar sérias alterações de consciência e estão ligadas com as esquizofrenias, psicopatias, epilepsias e os processos obsessivos de complexa etiologia que envolvem fatores geradores cármicos, em que perseguidor e perseguido, algoz e vítima, se enovelam nas teias do ódio durante diversas encarnações. Algumas vêm desde as civilizações antigas da Caldeia, do Egito e da Grécia, relacionadas com as práticas e os rituais de magia negativa há milhares de anos. Agem qual parasita que sufoca o vegetal que o abriga, não o deixando desenvolver-se, mas ao mesmo tempo permitindo um filete de vitalidade para que o objeto da imantação odiosa não sucumba, ato que levaria obsessor e obsedado a um desligamento abrupto, fazendo com que o equipo físico do encarnado fenecesse, fato que cortaria os laços fluídicos que mantêm a ligação vital com o desencarnado obsessor.

O chacra frontal está "regido" vibratoriamente pelo magnetismo da Lua e pelo Orixá Iemanjá. A Lua se caracteriza por ser o regente astral que propicia bem-estar e segurança aos homens, adaptabilidade ao planeta Terra na sua variada climatologia e geografia. Não por acaso, esse satélite interfere na manutenção da rotação planetária, mantendo o movimento das marés e o próprio equilíbrio no eixo que corta a Terra ao meio, entre os dois polos.

Há necessidade de apoio e segurança emocional em decorrência da exagerada sensibilidade que ocasiona insegurança e inibição no ser. Produz efeitos nos estados psicológicos e emocionais dos indivíduos, causando sérios transtornos nos casos de mediunidade reprimida ou não educada.

O chacra laríngeo está ligado ao planeta Mercúrio e ao Orixá Yori. Quando em desarranjo vibratório, o encarnado sensibilizado com Mercúrio tem necessidade de aproximação com os outros e de expressão das suas emoções, pois é excessivamente racional, tornando-se parcial, opiniático e sem empatia.

A desarmonização nessas vibrações também serve de instrumento dos obsessores para gerar desavenças, brigas, disputas, intrigas e desentendimentos os mais diversos, e toda sorte de conflitos que a sordidez do uso inadequado da palavra pode ocasionar.

O chacra cardíaco apresenta recepção vibratória mais acentuada do planeta Júpiter e do Orixá Xangô. O estado de ânimo superior nas relações interpessoais, em que o psiquismo se encontra em pujança confortadora e fraternal diante da vida e dos demais, de saúde vigorosa e justas relações humanas, ocorre quando os fluxos dessas vibrações estão alinhados e desobstruídos. É como se fosse disposto para funcionamento preciso gerador de pulsos que, em cada movimento de contração cardíaca, mantivesse uma porta aberta para os sentimentos ligados ao templo do Eu Superior, subjugando os apelos inferiores da existência.

Excesso de confiança em si próprio e retenção nos apelos do ego, ocasionando injustiça e desleixo no trato com os demais, demonstram vibrações em desalinho. Nesses casos, os assédios ininterruptos intensificam a atuação dos obsessores das mais variadas procedências, que tentam desestabilizar ao máximo o campo emotivo dos encarnados com pensamentos desestruturados, como se fosse uma grande mesa exposta em amplo salão aberto, em que se tenta abrir a porta para o acesso irrestrito das vampirizações fluídicas.

O chacra umbilical tem em Marte e no Orixá Ogum as vibrações mais associadas. Muito provocadas, essas energias se tornam invariavelmente violentas e deletérias ao organismo. Em equilíbrio, transmutam-se em energias criadoras e sublimadas. Essa personalidade, quando em desalinho, terá traços de obstinação, excessiva impaciência e usará a violência como maneira de impor suas ideias.

Esse chacra registra nitidamente as perturbações ligadas aos estados emocionais e seus efeitos gástricos e cardiovasculares. Tais distúrbios são visíveis no corpo astral, que de um modo geral está todo envolvido em processos obsessivos de vampirização, em que os desencarnados fortemente apegados ao campo sensório do equipo físico, com fome e sede, se ligam no chacra umbilical, apropriando-se dos fluidos do metabolismo corpóreo. Nesses casos, o encarnado vampirizado terá sinais de fraqueza geral no organismo.

O chacra esplênico apresenta as correspondências vibracionais do planeta Vênus e do Orixá Oxóssi. Essas vibrações, quando desarmonizadas, geram a necessidade de aproximação com os outros, buscando-se o auxílio mútuo decorrente da cobiça, exigências descabidas diante da vida e forte desânimo e inibição ante a imposição de "luta" diária pela sobrevivência.

O chacra esplênico está situado "em cima" do baço, no quadrante superior esquerdo do abdômen, atrás e abaixo do estômago. Esse chacra fornece um dos pontos mais importantes de entrada nos complexos físico, etéreo e astral da energia etérea ou prana. Relaciona-se com a parte metabólica do ectoplasma que ocorre no corpo etéreo e está fortemente relacionado com os processos de vampirizações fluídicas, uma vez que o ectoplasma é intensamente disputado pelas organizações trevosas do Astral Inferior, principalmente nos processos obsessivos de aluguel, em que prestam seus "serviços" aos contratantes encarnados e aos mandantes do plano terreno, médiuns das sombras.

Os médiuns em geral, principalmente os umbandistas, são obstinadamente assediados, pois em sua maioria produzem abundantemente o ectoplasma pelo afastamento do corpo etéreo, que fica como desalinhado do conjunto físico, astral e mental, abertura muito sensível que produz ininterruptamente grande quantidade de fluido animal.

O chacra básico está "ligado" a Saturno e ao Orixá Yorimá, à sabedoria simples das coisas da Terra, dos pretos velhos, que estão sintonizados vibratoriamente com esse astro.

A confiança exagerada, a rigidez, a frieza e a negatividade incapacitante desarmonizam suas vibrações e repercutem no corpo físico pelo chacra básico ou kundalíneo. Quando essas energias estão vitalizadas, apresentam-se uniformemente numa cor laranja-amarelada, que indica um desenvolvimento espiritual de ordem elevada. Etericamente, têm conexão com todos os demais chacras, pois fluem da Terra e dos sítios vibracionais mais primários e selváticos da natureza do Planeta, sendo o elemento terra a correspondência com as forças telúricas que são manipuladas para o bem ou para o mal, tornando-se muito perigosa a movimentação dessas forças energéticas por encarnados afoitos na arte da magia, pois podem facilmente virar instrumentos dos desmandos do Além por intermédio de seus magos negros.

Os pretos velhos são exímios manipuladores desses fluidos densos. Associando-os ao ectoplasma dos médiuns (obrigatoriamente aqueles evangelizados e de conduta reta e de boa moral), estabelecem a injunção necessária entre a posição vibrada do Orixá, da entidade espiritual e do médium para o trabalho de cura, desimantação e desmanche que é realizado no submundo do Astral Inferior, onde essas energias são altamente deletérias.

Muitas vezes, as doenças do corpo físico, ocasionadas pelos desajustes vibracionais descritos, provêm de complexa etiologia espiritual, planejadas criteriosamente pelos magos negros por meio de imantações magnéticas realizadas na frequência vibratória do encarnado. Utilizam como ferramentas dos seus intentos nefastos os irmãos dementados, doentes e desnutridos do Umbral Inferior, que perambulam perdidos quais farrapos humanos fugitivos dos campos de concentração nazistas de outrora, imantando-os ao corpo etéreo do alvo visado. Servem esses irmãos enfraquecidos e perturbados de instrumentos para as mentes maldosas dos líderes das organizações trevosas, feiticeiros de aluguel que se sustentam vibratoriamente pela sintonia dos encarnados com os macumbeiros terrícolas, que a tudo resolvem pelo vil metal, num processo simbiótico de larga escala no orbe.

Com frequência, a vilania desses atos cruéis ultrapassa o direito cósmico inalienável do livre-arbítrio e do carma individual dos atingidos por esses intentos sórdidos. Tanto encarnado como desencarnado, instrumentos da vampirização nefasta, precisam da misericórdia do Alto, liberando-os de todo esse sofrimento, pois o livre-arbítrio dos mandantes empedernidos na maldade vai até o ponto em que não ultrapassa o carma e o livre-arbítrio do irmão objeto da ação maldosa. Nesses casos, faz-se necessária a ação de falanges espirituais interventoras, que não desrespeitam o livre-arbítrio, e sim agem exatamente no limite entre o início do merecimento do socorro pelos irmãos sofredores que expurgaram seus carmas e o término da liberdade de ação do agente obsediante pelo abuso do seu livre-arbítrio, que prejudica a coletividade que o cerca. Desfazem todo esse novelo destruidor, capturando os moradores do submundo do Astral Inferior e desmanchando sumariamente suas organizações que são bases de feitiçaria, enviando todos para os locais de detenção e os tribunais avançados da Justiça Divina que estão estabelecidos nessas paragens degradantes, pondo-se um fim a essa tortura desmesurada.

A intercessão do amor do Cristo-Jesus será concretizada pela atuação desses obreiros da Espiritualidade Superior, que são os pretos velhos, os silvícolas e os cavalarianos da caridade que atuam intensivamente nos charcos do Astral Inferior por meio de incursões socorristas sob a égide vibratória da Umbanda, resgatando para os hospitais do Além as multidões de escravos mutilados e degenerados da subcrosta terrestre.

Faz-se relevante neste momento consciencial dos homens trazer informações adequadas e esclarecedoras, liberando gradativamente as consciências do extremo fetichismo que existe no seio da Umbanda e da incompreensão geral para com o significado do movimento umbandista, desvios de rota da Senhora da Luz que não representam a elevação cósmica da verdadeira *Aumbandhã*, a qual em nada se relaciona com os sortilégios ou com a magia utilizada para o mal. Essa incongruência, desvinculada do ideal cristão de união fraterna e solidária, só ocasiona desentendimentos e conflitos pelo desconhecimento que estimula as diferenças entre irmãos, que são inexistentes na Espiritualidade.

A humanidade terrícola está presenciando um ciclo de intensas transformações. As faixas de frequência do orbe estão se alterando e há um movimento de depuração dos espíritos que permanecerão na aura planetária. Essa Nova Era, denominada pela Astrologia como Era de Aquário, será marcada pela liberdade, igualdade e fraternidade entre os homens. Nesse intervalo entre as duas eras, um período caracterizado como de intensa mudança, se extinguirão os sentimentos de ódio, de intolerância e do preconceito religioso entre os homens.

O movimento de imigração que trouxe os colonizadores europeus para o Brasil não por acaso coincidiu com o período mais intenso da Inquisição. Vieram grandes agrupamentos de espíritos; e somente numa nova nação onde se tivesse tudo a realizar, colocando esses irmãos, perseguidos e perseguidores, inquisidores e inquiridos, obrigatoriamente, diante de etnias e culturas diferentes, haveria condição de suportar o expurgo cármico de todos os desmandos e sofrimentos ocasionados por esse triste momento da história do homem. Muitos espiritualistas e espíritas de renome, tribunos e psicógrafos destacados da atualidade foram ferrenhos inquisidores e hoje têm o compromisso de trazer todos os demais irmãos e companheiros de antigamente para as fileiras dos conceitos de reencarnação, Lei do Carma e mediunismo. Logo, a conotação excessivamente evangelizadora, visto que no Brasil muito se pratica um kardecismo evangélico que não existe em nenhum outro país do planeta, em vez do Espiritismo em seu tríplice aspecto – religião, ciência e filosofia – originalmente codificado por Allan Kardec, está de acordo com as Leis de Causalidade que regem os movimentos ascensionais das consciências, pois o tempo é fiel e incansável professor dos homens.

Muitos expoentes desse movimento evangelizador, que carreiam os demais para as fileiras dos que aceitam as leis cósmicas imutáveis da Espiritualidade, não constituem família na presente encarnação, pois, embora tenham grande comprometimento com a Lei, na verdade recaem num condicionamento que está registrado no inconsciente do eu espiritual pelos muitos séculos de exercício do sacerdócio religioso. A paciência e a tolerância do Cristo-Jesus para com vocês são fundamentais para que as diferenças não se transformem em fatores de desavenças separatistas. Nesse sentido, a Umbanda foi planejada em solo pátrio como forma de resgate dos conhecimentos universais da Cosmogênese e como fiel da balança, equilibrando as predisposições dos homens "proprietários" da verdade. Por meio de seu sincretismo e ecumenismo racial e espiritual, une as populações nas suas mais diversas crenças.

Nesse contexto, a pátria chamada de Brasil será a nação do futuro, uma vez que o carma coletivo da população brasileira prevê o nascimento de uma civilização multirracial, tolerante e mística, em que a religiosidade será resgatada no seu verdadeiro sentido cósmico, voltada para a imanência do ser, em que nenhuma religião instituída terá a posse da Divindade, em que os homens serão mais compreensivos entre si, fraternos e solidários.

A Umbanda tem parcela relevante no movimento de unificação religiosa dos homens previsto pela Alta Fraternidade Branca do Astral, que rege essa movimentação unificadora. Cada segmento de expressão religiosa no plano terreno terá sua parcela de contribuição, num grande planejamento sideral, em que o balizamento seguro é e será sempre os inquestionáveis ensinamentos universalistas e morais contidos no Evangelho do Cristo. Muitos irmãos, depois de milênios de contato com as religiões dogmáticas, tendo ficado infantilizados pela excessiva exposição ao dualismo dogmático de céu ou inferno, santo ou demônio, crente ou herege, fiel ou pecador, têm as primeiras encarnações nesse solo pátrio em contato direto com a mediunidade e com o Espiritualismo e, futuramente, encarnarão em famílias umbandistas, continuando suas jornadas evolutivas rumo à consciência crística destinada aos homens do Terceiro Milênio, da Era de Aquário.

HOMEM - SER MULTIDIMENSIONAL Estruturas Setenárias do Cosmo Posições Vibradas e Correspondências - Princípios *Aumbandhã*				
P	Chacra	Corpo	Planeta	Orixá
1	Coronário	Átmico	Sol	Oxalá
2	Frontal	Búdico	Lua	Iemanjá
3	Laríngeo	Mental superior	Mercúrio	Yori
4	Cardíaco	Mental inferior	Júpiter	Xangô
5	Umbilical	Astral	Marte	Ogum
6	Esplênico	Etéreo	Vênus	Oxóssi
7	Básico	Físico	Saturno	Yorimá

Há que se considerar que essas vibrações são interpenetradas. A estrutura multidimensional apresentada se equipara a um pesquisador tendo que analisar a consistência de uma rocha magmática em rígidas condições especificadas para o entendimento geral na dimensão física: peso, altura, profundidade, largura, pressão, idade, massa. É preciso penetrá-la com fino objeto de prova para coleta dessas informações ou posições vibradas, qual moderna sonda de prospecção diagnóstica em cateter especial. Os dados colhidos seriam classificados nas informações estratificadas, mas o conjunto continuaria sendo o do material rochoso, que um dia foi sutil, fluido e rarefeito e hoje é denso, solidificado e condensado na sua forma de manifestação com o meio que o abriga. Dessa maneira, cada "vetor" analisado no processo se encontra em todos, e todos se encontram em cada um. Sendo assim, é possível encontrar-se nas diversas linhas de pensamento esotérico, que sempre esquadrinharam as coisas ocultas, interpretações diferentes quanto a essas posições vibradas e correspondências, o que não invalida nenhuma dessas informações quanto aos princípios da Umbanda Esotérica ou *Aumbandhã*.

Ramatís

Sobre mediunidade de cura

Resgatem o Universalismo Crístico que existe na Espiritualidade e não se deixem levar pelas incompreensões geradas, muitas vezes, pela ausência de conhecimento ou pelo excesso do saber, que esvaziam ou preenchem demasiadamente a casa mental, obnubilando-a.

Ao falarem em mediunidade de cura, devem alargar os horizontes: das benzedeiras do interior do país aos pretos velhos "incorporados" nas tendas umbandistas; dos curadores com galhos de arruda em humildes choupanas das periferias das cidades às mesas espíritas dos centros tradicionais; dos banhos domésticos de descarrego com ervas maceradas aos templos rosa-cruzes bem situados; das simpatias das vovós analfabetas às diversas igrejas decoradas com suntuosidade; das pajelanças dos silvícolas nas matas aos consultórios dos terapeutas holísticos; das rezadeiras choramingonas às lojas teosóficas. Todos, onde quer que prepondere o amor, inevitavelmente serão instrumentos, locais e motivos de trabalho dos bons espíritos para a cura dos terrícolas.

Assim procedia o Cristo-Jesus, curando entre o povo, no meio dos ignorantes e dos excluídos das religiões e das crenças estabelecidas de outrora, quando o infinito amor por vocês era o elemento principal da amálgama curativa que se formava no Plano Astral. Espírito libertário, de escol, liberava as consciências, não se preocupando com a procedência de cada personalidade que o procurava; investia contra as intolerâncias dos homens, praticando a mais pura caridade em nome do Pai.

Ramatís

Irmãos de fé umbandista

Aos irmãos de fé umbandista:
Que seus destinos estejam sempre iluminados pelos bons espíritos, guias e protetores, falangeiros da caridade, mas que tenham merecimento dessa assistência pelas suas atitudes e ações. Façam sua parte que a Espiritualidade está fazendo a que lhe cabe, pois igualmente os espíritos têm comprometimentos cármicos com vocês e estão evoluindo. Tenham o discernimento de escolher seus destinos de acordo com o aprendizado vivenciado, fruto do estudo, da experimentação mediúnica e do conhecimento que propicia a fé racional, e não se deixem levar qual tora de madeira correnteza abaixo.

Vivenciem a singeleza da Senhora da Luz, sua amada Umbanda, ainda tão incompreendida e distorcida entre os homens. Umbanda, facho luminoso que desce do Altíssimo, que não cobra consultas, não se remunera por encomendas de oferendas e despachos milagrosos que a tudo resolvem, não faz sacrifício de animais e não tem rituais de sangue; práticas funestas de pais de terreiros pagos pelo vil metal, comprometidos com as sombras do Astral Inferior, num processo simbiótico vampirizador de larga escala na crosta terrestre decorrente da baixa moralidade que ainda prepondera neste início de Terceiro Milênio, mas que não está destinada ao homem místico e universalista da Nova Era de Aquário.

Não tenham receio de afirmar sua condição de umbandistas, que é por natureza milenar, universalista e crística. Resgatem a humildade e a sabedoria tão bem personalizadas nas figuras amoráveis dos pretos velhos com seus cabelos brancos, corpos curvados pelas dores do tempo e linguajar simples e tosco, mas que, por detrás das vovós e vovôs, escondem-se espíritos de extrema elevação, muitos de outras paragens cósmicas, que no presente momento existencial não conseguiriam entender em plenitude. Tenham a coragem dos índios e dos caboclos e enfrentem as vicissitudes de olhar firme no horizonte, respeitando a tudo e a todos, tendo o Evangelho do Cristo no coração.

Saúdem a Umbanda.

Saúdem todos os Orixás, posições vibradas do Cosmo que permitem a manifestação dos espíritos na forma e na matéria.

Saúdem todos os guias e protetores.

Saúdem todos os cavalarianos socorristas.

Saúdem todos que praticam a caridade desinteressada sob a égide do Cristo-Jesus, encarnados e desencarnados.

O amparo e a assistência se fazem sempre, atuantes por intermédio dos mensageiros da Fraternidade Branca do Astral Superior, que sustenta em solo pátrio o movimento de unificação religiosa dos homens.

Que Oxalá lhes dê ânimo para enfrentar os tempos vindouros e continuar praticando a caridade desinteressada, com amor ao próximo, confiança e fé como sempre foi, é e será pelo evo dos tempos, nos caminhos ascensionais de todos vocês, inevitavelmente destinados à angelitude, independentemente das crenças terrenas.

Ramatís

Sete vibrações
e manifestações mediúnicas

Vovó Maria Conga[1] nos ensina:

"Orixás são vibrações cósmicas. As forças sutis que propiciam a manifestação da vida em todo o Universo têm a influência dos Orixás, como se fossem o próprio hálito de Deus. Por isso se diz que a própria natureza manifesta na Terra, por meio dos elementos fogo, água, terra e ar, é a concretização das vibrações dos Orixás aos homens, embora não sejam em si essas energias, mas são emanadas deles, dos Orixás. É preciso compreender que existem vários planos vibratórios no Cosmo e que Deus, em Sua benevolência e infinito amor, em todos Se manifesta por meio de vibrações próprias a cada dimensão. É como se os Orixás fossem regentes ou senhores das energias em cada universo dimensional manifestado, mas não as próprias energias. Neste momento, almejamos trazer esclarecimentos os mais simples possíveis. Os Orixás são vibrações expressas, que têm comprimento e frequência e que um dia a Física da Terra vai descortinar. É por causa do misterioso, do 'inatingível' para a

---

[1] Nota do autor: é entidade espiritual originária da Constelação de Sirius, vinda do mesmo planeta dessa localidade cósmica que abrigou a consciência que hoje conhecemos por Ramatís. Informações complementares no capítulo "Breve elucidário umbandista".

maioria, que se criaram tantas desavenças e discórdias na história espiritual e religiosa dos homens. Respeitamos todas as formas de entendimento disponíveis dos Orixás, mas não podemos concordar com as personalidades agressivas, volúveis, sensuais, vingativas, e as histórias humanas de paixão e dor, tragédias e desavenças, de assassinatos e traições, que foram utilizadas pela tradição oral de transmissão de conhecimento do panteão africanista mais remoto, e que para muitos definem o que sejam os Orixás até os dias atuais".

Continuemos com o sábio pensamento dessa preta velha amiga:

"Sabemos que existem traços comportamentais e psíquicos em comum que se formaram ao longo do tempo no inconsciente dos homens e que simbolizam essas vibrações cósmicas enquanto manifestas na vida humana, pois em todos os homens estão as potencialidades dos Orixás e em todos os planos de vida do Criador, visto que nos é destinado o retorno a esse Todo, pois somos unidades provindas desse manancial absoluto no Universo, que é Deus. Como todos esses planos dimensionais estão nos filhos, podemos afirmar que os Orixás têm grande influência nos comportamentos humanos. Repetindo, para que os filhos fixem bem os conceitos: Orixás são vibrações expressas que têm comprimento e frequência, e um dia, não muito distante, a ciência Física da Terra vai esclarecer seu significado. Os Orixás não se manifestam diretamente na forma nos vários planos vibratórios do Cosmo nem são um estado de consciência como os filhos possam entender. Sendo a própria representação vibracional do Criador, espécie de outorga divina, têm em si as potencialidades Daquele que a todos assiste, mas são imanifestos em suas manifestações. Como explicaremos no capítulo 'Breve elucidário umbandista', fazem-se presentes energeticamente aos filhos, mas não são as energias em si. São representados no mediunismo, aos olhos dos filhos, por entidades espirituais que atuam nessas vibrações. Entendemos que é de difícil compreensão aquilo que ainda não consegue ser definido integralmente na atual capacidade de entendimento dos filhos, inclusive por uma limitação de vocabulário terreno."

Como mencionado anteriormente, existem sete vibrações no Cosmo ou Orixás. A palavra "Orixá" deriva dos vocabulários mais antigos que existiram no orbe terrestre e tem correspondência no vocábulo Arashá[2], que significa "O Senhor da Luz", equivalendo ao Orishis ou Rishis dos Brâmanes. Essas vibrações têm representatividade na egrégora de Umbanda, em espécies de emissários, espíritos libertos do ciclo carnal, que, dentro da estrutura rígida e hierarquizada estabelecida no Astral para o movimento umbandista, apresentam-se como Orixás Menores, Guias e Protetores.

Os Orixás Menores são entidades que se manifestam mediunicamente, ao contrário das posições vibradas dos Orixás, e são de grande amor, sabedoria e humildade. A principal finalidade dos irmãos espirituais que atuam como Orixás Menores é coordenar e executar no mediunismo a intermediação de uma faixa ou linha para outra, como se fossem cruzamentos. Os Guias são espíritos esclarecidos e, nas egrégoras em que labutam, sempre mantêm a orientação elevada para os homens. Os Protetores trabalham mais seguidamente com os encarnados e se apresentam com maior regularidade.

Além da hierarquia em Orixás Menores, Guias e Protetores, há as legiões, falanges, subfalanges e os agrupamentos espirituais, como o agrupamento do Oriente, que atua na linha vibratória de Oxalá. Existe enorme contingente de entidades espirituais que não são nem Guias, nem Protetores, que não se manifestam mediunicamente, mas que dão grande sustentação aos trabalhos e que estão

---

2 "Arashá" é um termo do antiquíssimo alfabeto adâmico, vatânico, devanagárico, desde os tempos da raça vermelha da Atlântida. Mais recentemente, outros povos fonetizaram esse termo, inclusive os africanos, que traduzido significaria "Orixá". Hoje, na língua portuguesa, "arashá" quer dizer "o verbo de Deus", "a Luz do Senhor Deus".

se preparando no Astral para reencarnar e, futuramente, serem médiuns.

Há em diversos terreiros e templos umbandistas entidades em grau de Protetor que se apresentam como Orixá Menor, correspondente à linha vibratória que lhes é devida. Por isso é que existe tanto Pai Joaquim e Caboclo Pena Branca se manifestando. Infelizmente, ainda há muita mistificação e animismo naquelas casas comprometidas com a cobrança de consultas e que não são da verdadeira Umbanda, em que pais de terreiros vestidos de Oxóssi, Ogum ou Xangô se dizem "incorporados" desses Orixás. Esse folclore é um dos fatores que gera a incompreensão dos desatentos que não estão diretamente envolvidos com o puro movimento umbandista.

Comentaremos sobre as sete vibrações cósmicas ou Orixás, os Orixás Menores e sua nomenclatura para identificação dos homens, pois essas entidades também atuam em diversas outras egrégoras espirituais do mediunismo com outras conformações em seus corpos astrais. Ao espiritualista mais sedento de aprofundamentos, recomendamos as obras mediúnicas existentes no seio da Umbanda. Citaremos também alguns nomes para conhecimento geral de entidades que se manifestam como Guias e Protetores e certas correlações para que se situem no plano terreno com essas posições vibradas.

Vibração de Oxalá

Apresentação: Caboclos (silvícolas).

Orixás Menores: Urubatão da Guia, Guaraci, Guarany, Aymoré, Tupy, Ubiratan e Ubirajara.

Guias: Caboclo Águia Branca, Caboclo Itinguçu, Caboclo Girassol, Caboclo Nuvem Branca, Caboclo Guarantan, Caboclo Poty, entre outros.

Protetores: Caboclo Guaraná, Caboclo Malembá, Caboclo Água Branca, Caboclo das Águas Claras, Caboclo Jacutinga,

Caboclo Lírio Branco, Caboclo da Folha Branca, Caboclo Ibitan, entre outros.

Harmonização vibracional

Mineral: diamante e cristais brancos.
Geometria sagrada: ponto.
Signo zodiacal: leão.
Dia da semana: domingo.
Horário vibratório: das 9h às 12h.
Essência odorífica: sândalo.
Flor: maracujá, girassol.
Chacra: coronário.
Força da natureza: ígnea.
Elemento: fogo.
Astro regente: Sol.

As entidades espirituais dessa linha não dão consulta e, quando se manifestam, intuem e inspiram os aparelhos mediúnicos abordando questões doutrinárias de conteúdo profundo e de grande elevação moral, convencendo e estimulando a todos que ouvem as informações que vêm do Astral Superior. Envolvem os médiuns, produzindo sutis vibrações no coronário e suaves mudanças na fisionomia, no modo de falar e no psiquismo quando do intercâmbio. Os irmãos espirituais dessa vibração têm preferência por médiuns conscientes, de psicografia intuitiva e de atividades em desdobramento clarividente, ocasiões em que passam diretamente suas orientações por meio da sensibilidade do médium no Plano Astral.

Vibração de Iemanjá

Apresentação: raramente apresentam entidades que se manifestam mediunicamente em "incorporações". Só ocasionalmente atuam de forma ostensiva nos terreiros.

Orixás Menores: Cabocla Yara, Cabocla Estrela do Mar, Cabocla do Mar, Cabocla Indayá, Cabocla Yansã, Cabocla Nanã Burukum, Cabocla Oxum.

Guias: Cabocla Cinda, Cabocla do Mar, Cabocla Sete Luas, Cabocla Juçana.

Protetores: Cabocla Jandira, Cabocla Lua Nova, Cabocla Rosa Branca, Cabocla da Praia, Cabocla Jacy, Cabocla da Concha Dourada, Cabocla Sete Conchas, entre outras.

Harmonização vibracional

Mineral: ágata.
Geometria sagrada: reta.
Signo zodiacal: câncer.
Dia da semana: segunda-feira.
Horário vibratório: das 18h às 21h.
Essência odorífica: verbena.
Flor: rosas brancas.
Chacra: frontal.
Força da natureza: hídrica.
Elemento: água.
Astro regente: Lua.

Ocasionam no fenômeno mediúnico ligeiras alterações no semblante do médium, e a sensibilidade dá-se por clariaudiência, clarividência e intuição.

Vibração de Yori

Apresentação: na vibração de Yori, no grau de Protetor, Guia ou Orixá Menor, as entidades se manifestam e promovem consultas esclarecedoras, propiciando harmonia aos consulentes.

Orixás Menores: Tupanzinho, Yariri, Ori, Yari, Damião, Doum e Cosme.

Guias: Mariazinha, Chiquinho, Paulinho, Aninha, Ricardinho, Crispim, entre outros.

Protetores: Estrelinha D'Angola, Dominguinho, Dounzinho, Jureminha, Joãozinho da Praia, entre outros.

Harmonização vibracional

Mineral: esmeralda (ar) e granada (terra).
Geometria sagrada: triângulo .
Signo zodiacal: gêmeos (ar) e virgem (terra).
Dia da semana: quarta-feira.
Horário vibratório: das 12h às 15h.
Essência odorífica: alfazema (ar) e benjoim (terra).
Flor: crisântemo.
Chacra: laríngeo.
Forças da natureza: aérea e telúrica.
Elemento: ar e terra.
Astro regente: Mercúrio.

Nas manifestações mediúnicas, atuam principalmente no chacra laríngeo, diretamente no órgão de fonação, sendo sábios no uso da palavra e do verbo bem elaborado. São de vibrações superiores, vitalizando todo o campo energético do médium que está sob suas vibrações. Adaptam sua forma de expressão e linguagem àqueles que os ouvem, demonstrando muita sabedoria e conhecimento.

Vibração de Xangô

Apresentação: apresentam-se como caboclos.
Orixás Menores: Xangô Kaô, Xangô Pedra Preta, Xangô Sete Cachoeiras, Xangô Sete Pedreiras, Xangô Pedra Branca, Xangô Sete Montanhas, Xangô Agodô.
Guias: Caboclo do Sol e da Lua, Caboclo Pedra-Roxa, Caboclo Cachoeira, Caboclo Ventania, Caboclo Rompe Fogo e vários outros.

Protetores: Caboclo Quebra-pedra, Caboclo ltapiranga, Caboclo Sumaré, Caboclo do Raio, Caboclo Pedra-Verde.

Harmonização vibracional

Mineral: topázio (fogo) e ametista (água).
Geometria sagrada: quadrado.
Signo zodiacal: sagitário (fogo) e peixes (água).
Dia da semana: quinta-feira.
Horário vibratório: das 15h às 18h.
Essência odorífica: heliotrópio (fogo) e mirra (água).
Flor: lírio branco.
Chacra: cardíaco.
Forças da natureza: hídrica e ígneas.
Elemento: água e fogo.
Astro regente: Júpiter.

As manifestações mediúnicas dessas entidades fazem disparar o coração, pois se ligam no chacra cardíaco, influenciando o Nó Sinusal[3] à frequência cardíaca. Produzem certos encontrões no corpo do médium, fazendo-o ir abruptamente para a frente. Geralmente, quando "incorporados", se apropriam da motricidade do aparelho mediúnico. Falam pouco e trabalham muito o corpo etéreo do médium e dos consulentes por meio da manipulação dos elementos etéreo-físicos da natureza.

---

3 Nó sinusal: tecido do coração situado entre os átrios, comanda os impulsos elétricos que geram os batimentos cardíacos. Os médicos ainda não sabem qual a fonte que, verdadeiramente, ocasiona a geração desses impulsos. Os rosa-cruzes, maçons, esotéricos e ocultistas, no entanto, sabem que são originários do espírito imortal tais estímulos, decorrentes das funções dos chacras dos outros corpos sutis.

Vibração de Oxóssi

Apresentação: apresentam-se como caboclos.
Orixás Menores: Arranca-Toco, Cobra-Coral, Tupinambá, Jurema, Pena Branca, Arruda e Arariboia.
Guias: Caboclo Tupiara, Caboclo Flecha Dourada, Caboclo Sete Estrelas, Caboclo Sete Folhas, Caboclo Folha Verde, entre vários outros.
Protetores: Caboclo Jupurá, Caboclo Mata Verde, Caboclo Aratan, Caboclo Três Penas, entre outros.

Harmonização vibracional

Mineral: turmalina (ar) e lápis-lazúli (terra).
Geometria sagrada: hexagrama ou estrela de seis pontas.
Signo zodiacal: libra (ar) e touro (terra).
Dia da semana: sexta-feira.
Horário vibratório: das 6h às 9h.
Essência odorífica: jasmim (ar) e violeta (terra).
Flor: dália.
Chacra: esplênico.
Forças da natureza: telúrica e aéreas.
Elemento: terra e ar.
Astro regente: Vênus.

As manifestações mediúnicas são suaves, e essas entidades são calmas e serenas. Ligam-se ao chacra esplênico e trabalham assiduamente com ectoplasmias curativas. Atuam igualmente nos chacras frontal e básico. Depois das entidades da linha de Ogum, são as que em maior número se manifestam nos terreiros.

Vibração de Ogum

Apresentação: apresentam-se como caboclos.

Orixás Menores: Ogum de Lei, Ogum Rompe-Mato, Ogum Beira-Mar, Ogum de Malé, Ogum Megê, Ogum Yara, Ogum Matinata.

Guias: Caboclo Tira-Teima, Caboclo Humaitá, Caboclo Sete Ondas, Caboclo Sete Lanças, Caboclo Icaraí, Caboclo Estrela do Oriente e outros.

Protetores: Caboclo Espada Dourada, Caboclo do Escudo Dourado, Caboclo Oraí, Caboclo Angarê, Caboclo Karatan.

Harmonização vibracional

Mineral: rubi (fogo) e água-marinha (água).
Geometria sagrada: heptagrama ou estrela de sete pontas.
Signo zodiacal: áries (fogo) e escorpião (água).
Dia da semana: terça-feira.
Horário vibratório: das 3h às 6h.
Essência odorífica: cravo (fogo) e tuberosa (água).
Flor: cravo branco e vermelho.
Chacra: umbilical.
Forças da natureza: ígneas e hídrica.
Elemento: fogo e água.
Astro regente: Marte.

Atuam mediunicamente no corpo astral do médium por intermédio do chacra umbilical, também influenciando os chacras cardíaco e frontal, produzindo acentuadas alterações fisionômicas e vocais durante suas manifestações. Andam algo ligeiro, de um lado a outro, vigorosos, altivos, sem serem arrogantes.

Vibração de Yorimá

Apresentação: as entidades de Yorimá, seja no grau de Protetor, Guia ou até Orixá Menor, são as que mais dão consultas e se manifestam como pretos e pretas velhas, humildes e sábios; muitos foram sacerdotes no Antigo Egito e Congo. Orientam calmamente os que os procuram, propiciando tratamento aos necessitados por males do espírito e medicamento aos doentes do corpo.

Orixás Menores: Pai Guiné, Pai Congo D'Aruanda, Pai Arruda, Pai Tomé, Pai Benedito, Pai Joaquim, Vovó Maria Conga.

Guias: Pai Chico das Almas, Vovó Angola, Pai João D'Angola, Pai Congo do Mar, Vovó Cabinda de Guiné, dentre vários outros.

Protetores: Pai Tibúrcio, Pai Celestino do Congo, Pai Cipriano, Pai João da Caridade, Pai Chico Carreiro, Vovó Barbina, dentre outros.

Harmonização vibracional

Mineral: hematita (terra) e turquesa (ar).
Geometria sagrada: pentagrama.
Signo zodiacal: capricórnio (terra) e aquário (ar).
Dia da semana: sábado.
Horário vibratório: das 21h à 0h.
Essência odorífica: eucalipto (terra) e erva-cidreira (ar).
Flor: palmas vermelho-escuras.
Chacra: básico.
Forças da natureza: telúrica e aérea.
Elemento: terra e ar.
Astro regente: Saturno.

Atuam nos médiuns ligando-se fluidicamente à região genésica; nos homens, na altura dos testículos, próstata e vesícula seminal, e nas mulheres, nos ovários, úteros e trompas. Trabalham sentados, e geralmente os médiuns sentem desfalecer as pernas, pois se apropriam muito fortemente da energia kundalínea do chacra básico, propiciando um entorpecimento dos membros inferiores.

Relembrando, para inteira compreensão das manifestações mediúnicas sob a égide vibratória dos Orixás e da Umbanda no plano terreno: atentem que seu corpo físico é composto de milhares de nervos e plexos responsáveis pelas correntes nervosas e elétricas, que, por sua vez, formam vários chacras no corpo astral, que são em grande quantidade, em maior número que os sete chacras principais correspondentes aos sete Orixás: coronário – Oxalá; frontal – Iemanjá; laríngeo – Yori; cardíaco – Xangô; esplênico – Oxóssi; solar – Ogum; básico – Yorimá.

Como citamos anteriormente, faz-se relevante, neste momento consciencial dos homens, trazer informações adequadas e esclarecedoras sobre a Umbanda, liberando as consciências das incompreensões divisionistas que não existem na Espiritualidade, que é crística e universalista, e pela significação cósmica desse movimento, que em solo pátrio tem importância na unificação religiosa dos homens que ocorrerá em dias vindouros, neste Terceiro Milênio. Não temos a pretensão de estabelecer nenhum tratado ou codificação doutrinária, e sim apenas continuar, por meio dessas singelas e despretensiosas informações há muito conhecidas dos umbandistas estudiosos, nossa programática traçada com os Maiorais sidéreos.

Que Oxalá os ilumine e que possam cada vez mais caminhar de mãos dadas rumo ao grande congraçamento de Luz Crística que aguarda a todos inevitavelmente, sendo o tempo breve ou longo para a chegada nesse encontro angélico das consciências, a depender das ações amorosas de cada individualidade no Cosmo, e, diante dos evos, impreterivelmente o Pai a todos aguardará para a boa colheita.

Ramatís

Breve elucidário umbandista pelo espírito Vovó Maria Conga

Pergunta: Solicitamos à veneranda irmã que nos fale um pouco de si, no intuito de situar melhor o leitor espiritualista menos afeito à Umbanda, egrégora[1] em que é mais conhecida.

---

[1] "São os aglomerados de moléculas do Plano Astral, que tomam forma quando são criadas pelo pensamento nítido e constante de uma pessoa ou de um grupo de pessoas e passam a 'viver' magnetizadas por essas mentes. Tais criações podem apresentar vários tipos: 'anjos de guarda' ou 'protetores', quando fortemente mentalizados pelas mães para a custódia de seus filhos, e sua ação será benéfica; podem servir de perseguidores, obsessores, atormentadores quando criados por mentes doentias; podem ser formas que se agregam à própria criatura que as cria mentalmente e as alimenta magneticamente; têm capacidade de resistir para não se deixarem destruir pelo pensamento contrário. São comuns esses agregados ao redor das criaturas, obra puramente do poder mental sobre o astral. Assim são vistas formas mentais de ambições de ouro, de desregramento sexual, de gula, de inveja, de secura por bebidas alcoólicas etc. Essas aglomerações, quando criadas e mantidas por magnetização forte e prolongada de numerosas pessoas (por vezes, durante séculos e milênios), assumem também proporções gigantescas, com poder atuante, por vezes quase irresistível. Denomina-se, então, um egrégoro. E quase todos os grupos religiosos o possuem; alguns pequenos, outros maiores, e por vezes tão vasto que, como no caso da Igreja Católica de Roma, estende sua atuação em redor de quase todo o Planeta, sendo visto como uma extensa nuvem multicolor, pois apresenta regiões em lindíssimo dourado brilhante, outras em prateado, embora em certos pontos haja sombreado escuro, de tonalidade marrom-terrosa e cinzenta. Isso depende dos grupos que se elevam misticamente e com sinceridade e de outros que interferem com pensamento de baixo teor (inveja, ódio de outras denominações religiosas, ambições desmedidas de lucro etc.).

Vovó Maria Conga: Saúdo os filhos de todas as crenças terrenas nas suas mais variadas manifestações. Serei concisa, pois não gosto de falar de mim, pois sou discreta servidora da caridade anônima. Se há um nome e uma forma astral de apresentação aos homens (neste caso, uma combalida vovó, preta velha septuagenária, curvada no débil corpo de ossos carcomidos), é exatamente pela necessidade de exemplificação de humildade aos homens, nada mais. O corpo físico que foi vestimenta fugaz e lentamente se foi finando diante dos anos serviu de meio imprescindível ao fortalecimento do ser imortal para o festim de libertação do presídio das posses ilusórias na matéria, da prepotência e do egoísmo humano.

Sou um espírito comprometido com o amparo das criaturas sofredoras e doentes que procuram o alívio e a cura dos males que as afligem. Ligo-me a Ramatís desde remotas eras, encontro que se deu em outro planeta do Universo. Vim juntamente com esse irmão para esta Terra dos homens e, há algumas décadas de milhares de anos, estamos cá, desde os Templos da Luz da velha Atlântida, já tendo reencarnado várias vezes, compromisso de mergulho na carne de que estou dispensada neste orbe, mas que não me isenta de continuar evoluindo com os homens.

O fato de um espírito não precisar mais reencarnar não significa que seja perfeito ou um facho de Luz proveniente de locais elevados que ofusca os olhos dos encarnados. Ao contrário, pelo pouco alcançado de amor ao próximo, aumentam em muito as obrigações de auxílio para com aqueles retidos na carne e, no nosso caso, também aos afligidos que transitam pelos vários recantos do que vocês chamam de Umbral Inferior.

Há também os egrégoros de grupamentos outros, como de raça, de pátria etc. Funcionam quase como uma 'bateria de acumuladores que são alimentados pelas mentes que os cria', como escreveu Leadbeater em *O Plano Astral* (Editora Pensamento). Logicamente, quanto mais forte é a criação e a alimentação, mais poderoso e atuante se torna esse ser artificial, muitas vezes cruel com seu próprio criador, pois não possui discernimento do bem ou do mal e age automaticamente com a finalidade para que existe" (*Técnica da mediunidade*, de Carlos Torres Pastorino).

Para nós são buracos largos, áridos, escuros e profundos, com vastos habitantes: vermes, répteis, animais putrefatos, seres que já foram homens na crosta se apresentando com sérias deformações em seus corpos astrais, em formatos de animais, lobos andrajosos, ursos com garras, macacos peludos, ou ainda como seres patibulares de faces cadavéricas, de olhos injetados, com patas no lugar de pés e mãos, de estiletes pontiagudos no lugar de unhas; todos "homens" desencarnados a perambular em bandos rastejantes, fétidos e deformados, que emitem incessantes uivos animalescos de rancores e lamentos dolorosos. As desfigurações, as loucuras dessas mentes desencarnadas é que sustentam o império dos "lucíferes", entidades poderosas que realmente acreditam ser o próprio diabo a comandar em perpétuas torturas suas legiões infernais, a servirem no mal e na magia negativa os homens encarnados da crosta do planeta. É um escambo fluídico de larga disseminação nessas regiões onde os pensamentos dos dois planos da vida jungem-se irremediavelmente pela semelhança de interesses desditosos.

Nasci em encarnação passada no Brasil como simples filha de escravos vindos da região do Congo, situada na África, e fui alfabetizada e catequizada na religião católica. Íamos à missa todos os domingos, mas desde menina, quase que diariamente, na penumbra da senzala, como curiosa aprendiz, relembrava, pela prática com velho feiticeiro da nossa tribo, os rituais de magia do antigo Congo do Oriente, que jaziam em meu inconsciente de longa data, encontros em que esses conhecimentos me foram repassados oralmente e renasceram por anos a fio.

Tinha livre trânsito, mas era escrava igual a todos. Não cheguei a sentir no dorso as chicotadas dos capatazes da fazenda, pois era muito querida da sinhá e do sinhô, a ponto de ter sido mãe de leite de seus filhos. Meu sofrimento foi no âmago da alma, causado pelas muitas mortes ocorridas em meu colo dos irmãos de cor, vários nascidos em meus braços de parteira; todos negros, surrados diariamente em nome do feitor, embaixo de cortante chibata. Muito curei as feridas dos irmãos torturados aos pés dos troncos e dos formigueiros, pois era exímia conhecedora de ervas e fazia simpatias e benzeduras que aprendi com as escravas mais antigas.

Fui abadessa na Idade Média[2] em espécie de hospital católico na Espanha do século XIII, momento terrível da Inquisição. A Igreja era fortemente contrária a todas as crenças, e os hereges eram perseguidos em nome do Cordeiro. O povo oprimido e ignorante jogava-se aos nossos pés em busca de proteção. Muitas crianças ficaram órfãs. Todas as mulheres e homens que conhecessem ervas e realizassem curas deveriam ser conduzidos e julgados pelos tribunais santos. Os infiéis eram sumariamente queimados. Até mesmo saber ler podia ser indício de feitiçaria, e qualquer manuscrito estranho às escrituras sagradas era considerado diabólico. Por receio de possíveis retaliações do clero ameaçador, o qual nos alertava constantemente para a possibilidade de perda dos confortos e das mordomias da abadia se houvesse quaisquer suspeitas de socorro aos inquiridos, deixamos de atender vários irmãos que bateram à nossa porta, chagados pelos suplícios infligidos.

---

2 Nota do autor: este Guia amoroso, Vovó Maria Conga, também se mostra em corpo astral como uma freira, ocasiões em que se apresenta com um grande livro nas mãos. Nessas oportunidades, reassume a personalidade da sua encarnação como abadessa na Espanha do século XIII, denominando-se madre Maria de Las Mercês. O livro nas mãos é para escrevermos as experiências que estão sendo vivenciadas no Grupo de Umbanda e Apometria da Casa do Jardim, da qual é uma das coordenadoras espirituais desde sua fundação, há muitos anos, juntamente com a entidade indiana Nahum, ambas se reportando a um conselho mentor de cinco mestres do Oriente, que raramente trabalham em corpo astral. Estamos levando a efeito esse compromisso do grupo, que também é nosso, e já estamos escrevendo o livro *Mironga de preta velha*, com Ramatís e Vovó Maria Conga, que trará novas informações sobre a Umbanda, a magia dos Orixás e a Apometria, inclusive algumas não tendo correspondência no vocabulário terreno. Essa preta velha, humilde e laboriosa, ainda se mostra como uma menina entre cinco e sete anos, com lindo vestido rosado, com grande nó amarrado à frente e de longas tranças loiras, chamando-se nesses momentos de Chiquinha, atuando na magia como uma entidade do Orixá Yori. Relata-nos que foi bastante feliz nessa encarnação de criança, a qual muito lhe marcou por ter sido a última na longa caminhada de libertação do ciclo carnal, embora tenha ocorrido um desencarne repentino, mas sem sofrimento, por volta da idade em que se deixa ver.

Não fizemos o mal, mas deixamos de praticar o bem da caridade cristã que tanto alardeávamos no meio religioso. Vários dos cruéis e orgulhosos inquisidores espanhóis abriguei nos braços como recém-nascidos ou escravos torturados em chão brasileiro e, com os conhecimentos de magia, de ervas, das simpatias e benzeduras, resgatei o descaso de outrora.

Não é verdade que sou mais conhecida na Umbanda, egrégora em que me apresento como preta velha, pois também trabalho no kardecismo como freira versada em assuntos da psicologia humana, nos comunicando do Além pela escrita, entre outras atividades do mediunismo.

Somente para situar os homens tão carentes dessas referências é que moldamos nosso corpo astral de conformidade com suas consciências, hábitos, raças e costumes sociais, obtendo assim maior aceitação da caridade socorrista e esclarecedora em todos os meios terrenos. Mas de nenhuma forma somos superiores a quaisquer servidores do Cristo-Jesus. Essas distinções e diferenças não têm a menor importância, pois o que nos rege é o amor, o combustível cósmico que movimenta a grande Fraternidade Branca Universal.

Pergunta: Nos locais em que tem comprometimento de auxílio e que descreve como Umbral Inferior, com legiões comandadas por líderes diabólicos, estas nos parecem mais uma turba perdida e sem comando. A predominância de um império, seja no bem ou no mal, requer comando, autoridade e disciplina. Esses cenários nos parecem algo contraditório a tais princípios. O que pode nos falar a respeito?

Vovó Maria Conga: Nos locais descritos existem cavernas em espécie de subsolo úmido e pegajoso, como se fossem charcos ferventes emanando continuamente vapores sulfurosos. Nesses pontos ficam guarnecendo os "lucíferes", "diabos" do Além controlando suas cidadelas de aparente desorganização.

Muitos desses líderes são antigos sacerdotes católicos revoltados com a providência divina, visto que não alcançaram o Céu prometido. Adotam as técnicas de mando e de tortura utilizadas na Inquisição e, por um mecanismo de indução mental, transformam seus corpos astrais em assustadores demônios com chifres, asas, tridente, capa vermelha, pernas e pés de equinos para difundir o medo e o pavor à sua volta como método de impor a autoridade e o mando.

Desses esconderijos secretos imaginam todos os rituais macabros de sacrifícios animais que pedirão aos encarnados para satisfazerem seus pedidos, com frio planejamento vampirizador e obsessivo sobre aqueles a serem atingidos pela desventura, e com os fluidos animais obtidos em tais sacrifícios, com o sangue quente cheio de vitalidade ectoplásmica emanada, fortalecem e mantêm seus domínios.

Como se fossem deuses, têm seus enviados para manter a ordem e a disciplina na desordem e no caos das suas legiões. Esses porta-vozes são como eles próprios: insensíveis, bárbaros, egoístas, exigentes e intolerantes. A turba perdida na anarquia se torna fértil para a captura e manutenção de escravos comandados por indução mental coletiva em processo de tortura, poderoso e abrangente. Há uma divisão entre esses líderes, e cada um não se intromete em território do outro, sendo que muitas vezes se unem quando os interesses malévolos são comuns.

Obtêm tecnologia, tendo em seus quadros muitos engenheiros, médicos, geneticistas e pesquisadores. Mantêm laboratórios de pesquisas subterrâneos, onde projetam aparelhos que serão colocados no corpo etéreo dos alvos a serem atacados, incautos encarnados e desencarnados que serão ocultamente torturados por esses pequenos engenhos tecnológicos que afetam diretamente o sistema nervoso. Algumas localidades têm veículos para se locomoverem nas regiões umbralinas áridas e irregulares, os quais utilizam para perseguição e aprisionamento desses bandos de dementados que perambulam perdidos. Guardam esses utilitários em pavilhões parecidos com aqueles existentes nos aeroportos dos homens.

Pergunta: Poderia nos explicar melhor os casos em que se apresenta como uma freira nas mesas kardecistas e por que não como uma preta velha?

Vovó Maria Conga: A sabedoria da Providência Divina não se circunscreve aos ideais egoístas dos homens, que criaram todas essas divisões no misticismo com a Espiritualidade, que é única. Não existe uma religião que prepondere no Cosmo, e sim um amor no Universo que a todos une. A motivação básica que nos move nos trabalhos de auxílio socorrista está personificada na Terra na figura de Jesus. Esse mestre nunca deixou de respeitar as raças, os costumes e os hábitos de antanho, embora contrariasse muitos interesses de poderosos.

Um irmão socorrido nos charcos do Umbral Inferior, na maioria das vezes, precisa de um instante de esclarecimento em contato com fluidos animalizados que um médium oferece, pois está tão fixo em seus desequilíbrios mentais que não nos enxerga. Em análise preliminar de suas encarnações passadas, podemos verificar que esse irmão foi muito ligado ao Catolicismo e às crenças dessa religião. Como resguardamos as consciências, em vez de ser orientado em uma casa de Umbanda, onde se apresentarão muitos silvícolas e pretos velhos com suas práticas ligadas aos elementos da natureza, preferimos conduzi-lo para a conversação que lhe é mais familiar. Assim, na mesa espírita, vendo-se no meio de freiras, clérigos, médicos, enfermeiros, literatos e doutores da lei, esse irmão se sente mais à vontade e é mais receptivo ao esclarecimento.

Muitos caciques e pretos velhos "transformam-se" em médicos gregos ou egípcios, em túnicas brancas reluzentes, e a todos amparamos em nome do amor crístico. Moldamos nossos corpos astrais de acordo com as conveniências da caridade a ser prestada, e muitos espíritos de médicos considerados muito "elevados" e evoluídos no meio dos homens trabalham anonimamente como humildes pais pretos na Umbanda, pois em encarnação passada assim o foram. Não me apresento como uma preta velha nas mesas porque meu comprometimento nessa configuração astral é na egrégora de Umbanda. Tais manifestações dos nossos corpos astrais estão de acordo com os homens e suas consciências. Respeitemo-las.

Pergunta: O que poderia nos dizer das entidades "incorporadas" que pedem sacrifícios animais e despachos com rituais de sangue aos chefes de terreiro?

Vovó Maria Conga: Infelizmente, meus filhos, isso muito ocorre ainda. Essa prática não é da verdadeira Umbanda, e esta preta só vai a esses locais do Astral Inferior para desmanchá-los, quando assim tem permissão e cobertura espiritual. Ficamos com o coração entristecido quando vemos por aí tanto "guiismo", tanto médium que faz cegamente tudo que o pai, a mãe preta ou caboclo do terreiro manda ou fala.

É bom lembrar o que ocorreu sempre no mundo, em se tratando de fanatismo e fundamentalismo religioso, e de todas as guerras e mortandades que o homem gerou em defesa da sua crença, fé ou religião. Os espíritos também estão evoluindo, assim como os filhos, que devem sempre submeter à razão o mediunismo vivenciado, sob risco de práticas ridículas aos olhos das falanges benfeitoras de Jesus. O conhecimento é um dos meios seguros que propiciarão o discernimento necessário para que os filhos sejam luzes e conduzam a passos seguros os consulentes, e não fiquem qual cego conduzindo no escuro aqueles que os procuram para a caridade ou tenham eternamente os irmãos espirituais que os assistem como suas muletas. Acreditamos que todo Guia ou Protetor queira ver seu guiado ou protegido um dia guiando ou protegendo. Caso contrário, ficaríamos paralisados na evolução, e não é isso que esperamos de vocês.

Toda opinião conclusiva, determinista e excludente, seja de "Guia", "Protetor" ou quaisquer outros desencarnados ou encarnados que não aceitam argumentos contrários e impõem seus pontos de vista, deve fazer com que imediatamente se acenda uma luz vermelha de "pare" para que não caiam nas fascinações e subjugações.

Os espíritos iluminados, mentores, verdadeiros Guias e Protetores, são sempre parcimoniosos e respeitam incondicionalmente o livre-arbítrio, o merecimento e o estágio evolutivo de cada individualidade, seja na Umbanda ou em qualquer outra prática da mediunidade. Todos, inevitavelmente, têm repulsa por quaisquer atos violentos com um ser vivo, e não há justificativa no Universo infinito para um sacrifício com derramamento de sangue em nome do "bem", contrariando o mérito cármico do sujeito, que não obteve a realização natural e de direito do que pretende.

Quanto aos irmãos espirituais que pedem esses trabalhos aos chefes de terreiros, devem ser fraternalmente esclarecidos e orientados. Se assim procederam, é porque houve sintonia e, se não se tratar de trabalho especial para esclarecimento desse tipo de entidade, os diretores da casa devem rever imediatamente a conduta moral do corpo mediúnico e localizar as brechas vibratórias, o elo quebrado na corrente que está permitindo esse tipo de ataque das sombras, que, se persistir, pode tomar conta do terreiro em nome das trevas.

Em relação às casas que praticam tais rituais, as respeitamos sem julgamentos, mas afirmamos que não têm o apoio da Alta Confraria Branca do Astral Superior e de seus mensageiros da caridade desinteressada, que se manifestam pela Umbanda no plano terreno.

Pergunta: A Umbanda, enquanto expressão de religiosidade, como Espiritualismo em que se pratica o intercâmbio mediúnico com desencarnados, só existe em solo brasileiro. Qual o motivo desse exclusivismo?

Vovó Maria Conga: Essa situação é condizente com o carma coletivo do Brasil. Essa pátria abrigou em seu fértil solo grande parte dos espíritos ligados à Inquisição. Inquisidores vieram como escravos e suas vítimas de outrora como "donos" da terra, como se retomassem a posse dos bens confiscados. Aliado ao fato de o sentimento de religiosidade dos brasileiros ter sido demarcado, como se fosse uma grande colcha de retalhos, pela população indígena aqui presente, e que também foi escravizada e "catequizada" pelo homem branco, juntamente com os ritos africanistas e a cultura católica dos colonizadores portugueses e espanhóis e, mais recentemente, o Espiritismo provindo da França de Kardec.

Fez-se necessário um movimento religioso que abrigasse harmoniosamente todas essas tendências que desaguaram no país, expurgando-se definitivamente o carma negativo gerado pela intolerância e pela perseguição religiosa do "Santo" Ofício inquisitorial. Sendo assim, reuniu-se uma Alta Confraria Branca no Astral Superior, que planejou, com a permissão direta de Jesus, o nascimento da Umbanda no solo dessa pátria chamada Brasil.

Todo esse movimento, aparentemente contraditório na visão transitória dos homens impacientes, é abençoado resgate dos conhecimentos mais antigos, da solidariedade e fraternidade que existiram na Terra de antanho, e está contribuindo decisivamente para a formação da mentalidade universalista cristã prevista para se consolidar no futuro.

Pergunta: O que os umbandistas chamam de "gira da caridade", seja de caboclos ou pretos velhos, parece-nos algo indisciplinado, uma algazarra. Cada entidade "incorporada" ou cada médium trabalhando a seu modo, não existindo uma padronização no tipo de atendimento ou consulta. O que tem a dizer a respeito?

Vovó Maria Conga: Não é nenhum tipo de padronização que garantirá a curativa assistência espiritual aos consulentes. Gestos diferentes, um tipo de benzedura aqui, um passe localizado ali, uma maceração de erva lá, um assobio ou sopro acolá, todos são recursos de cura utilizados. Ao contrário das impressões deixadas nos apressados olhos humanos, a disciplina é enorme e rígida, existindo forte amparo astral hierarquizado nas casas sérias e moralizadas, embora cada entidade tenha sua liberdade de manifestação na prática que lhe é mais peculiar. Nessa aparente algazarra e burburinho, vão os homens se modificando para melhor e todos continuam evoluindo juntos, tanto na carne como no Plano Astral.

Pergunta: É de bom alvitre que em muitos casos até os consulentes fiquem mediunizados e "recebam" seus Guias ou Protetores espirituais?
Vovó Maria Conga: Sim. Naqueles consulentes que têm comprometimento com o mediunismo e já estão educando suas mediunidades, "receber" seus Guias ou Protetores espirituais vai aliviá-los das cargas deletérias, de miasmas e formas-pensamento que estão "grudadas" nas suas auras, tipo de campo energético que todos vocês têm, sendo o corpo físico a parte visível, a energia mais condensada desse complexo energético que são os homens. Esses enviados espirituais que neles incorporam imprimem-lhes no corpo astral suas vibrações mais elevadas e que são afins com esses irmãos muito antes da atual encarnação, e, pela alteração de frequência imposta, essas placas e agregados destrutivos são liberados e retornam para a natureza, regularizam os chacras desarmonizados e alinham as vibrações do corpo astral e do etéreo. Naqueles médiuns ainda deseducados, esse contato lhes serve para mostrar a importância e a necessidade de procurarem desenvolver-se. Claro está que essa intervenção do Além se dá para o auxílio do aparelho mediúnico e se torna dispensável nos mais experientes, que aprenderam a livrar-se dessas cargas negativas sozinhos.

Pergunta: Esse hábito de dar passagem permitida aos consulentes nessas giras não contraria a segurança mediúnica?
Vovó Maria Conga: Ao contrário, conduz à necessidade de plena educação. A segurança no exercício da mediunidade, por um aparelho (médium) no mediunismo umbandista, é marcante no que vocês chamam de passividade, o que nada mais é do que dar passagem para esses espíritos afins. Os médiuns, habituando-se a

dar passagem para seus Guias e Protetores, aprendem a conhecer profundamente suas vibrações e, com o trabalho continuado, conseguirão a necessária segurança para que não se deixem envolver por irmãos de outras vibrações, ditos obsessores e vampiros do Astral Inferior. Ao mesmo tempo, vamos gradativamente equilibrando as vibrações dos chacras, facilitando e intensificando o intercâmbio.

Pergunta: O que pode dizer dos médiuns trabalhadores que dão passividade para os chamados eguns (espíritos obsessores) no mesmo momento que atendem aos consulentes?

Vovó Maria Conga: Isso se faz necessário para que esses irmãos possam ser conduzidos para locais de refazimento existentes no Plano Astral. Esses irmãos são retirados do corpo etéreo dos consulentes, qual carrapato que se arranca da pele de animal indefeso. É feito um atendimento socorrista de urgência e, posteriormente, serão encaminhados para maiores esclarecimentos; havendo necessidade, serão reconduzidos para a manifestação mediúnica em locais apropriados às suas consciências.

Pergunta: A nosso ver, há nesses casos uma doutrinação precária. Isso não teria que acontecer em sessão reservada, especialmente com finalidade desobsessiva?

Vovó Maria Conga: Na verdade, não há nenhuma doutrinação. Na maioria dos casos, não se fazem necessárias maiores conversações. O choque fluídico propiciado pelo aparelho do médium, conduzido habilmente pelo Guia ou Protetor, seja preto velho ou caboclo, é o suficiente para o alívio desse sofredor, qual imersão de peixe asfixiado fora d'água em límpida enseada à beira-mar. Após essa desopressão instantânea, esses socorridos são retidos provisoriamente em hospitais do Astral até que tenham condição de discernimento para entenderem sua situação existencial. No caso dos mais aguerridos, raivosos e enlouquecidos, exige-se a condução para sessões mediúnicas destinadas exclusivamente para esse fim, podendo ser no terreiro umbandista ou no centro espírita. Tudo ocorrerá de acordo com a consciência que está em tratamento, como afirmado em pergunta anterior.

Pergunta: Essa exposição demasiada ao mediunismo não se torna prejudicial e até chocante àqueles que o procuram quando comparamos com outras maneiras de fazer a caridade, mais reservadas do grande público, em que a mediunidade é instrumento de amparo e socorro?

Vovó Maria Conga: A cada um é dado conforme a sua necessidade e condição existencial. Nos dias de hoje, ninguém adentra em um templo umbandista, no culto evangélico ou na palestra doutrinária do centro espírita obrigado. A época de impor-se às consciências o "certo" ou "errado", fruto da árvore do julgamento dos homens e dos mandatários religiosos "detentores" da verdade, é fato histórico que jaz sepultado num passado algo recente, mas ausente da realidade espiritual da Terra hoje, embora ainda muito nítido no inconsciente de muitos filhos, bem como em algumas regiões da superfície planetária.

Não havendo imposições e intolerâncias, concluímos que o sentir-se chocado resulta de uma decisão exclusivamente individual. Logo, cabe a esse ser buscar aquilo que o satisfaça em seus anseios espirituais, seja em que local for entre os homens. A exposição ao mediunismo nada mais é que uma lembrança da própria condição de espírito de cada um. O Eu Sou verdadeiro e imortal está momentaneamente aprisionado no pesado corpo de carne, e a sessão mais reservada não livra os consulentes dos assédios e intercâmbios com o Além que ocorrem nas 24 horas do dia e não dependem de um local preparado especialmente para esse fim. Todos são médiuns em maior ou menor grau, e refutar a constância e a naturalidade do mediunismo na vida é como negar o próprio ar que os filhos respiram.

Pergunta: Poderia nos descrever, sob o ponto de vista do Plano Astral, a movimentação invisível aos nossos olhos carnais que ocorre nessas giras de caridade praticadas nas casas de Umbanda?

Vovó Maria Conga: Toda casa de Umbanda que é séria e faz a caridade gratuita e desinteressada é um grande hospital das almas, tendo o apoio de falanges espirituais do Astral Superior. Essas giras[3] de caridade são grandes prontos-socorros espirituais, onde não se escolhe o tipo de atendimento, estabelecendo enormes demandas[4] no Além. Os consulentes que procuram os pretos velhos e caboclos para a palavra amiga e o passe avançam trazendo os mais diversos tipos de problemas: doenças, dores, sofrimentos, obsessões, desesperos etc. Processa-se a caridade sem alarde, pura, assim como o Cristo-Jesus procedia, atendendo a todos que o procuravam.

É indispensável um ambiente harmonioso e de energias positivas no grupo de médiuns que formarão a corrente vibratória. Para se conseguir as vibrações elevadas, são cantados pontos, que são verdadeiros mantras, faz-se a defumação com ervas de limpeza físico-etérea e espargem-se essências aromáticas que auxiliam a elevar as vibrações.

No Plano Astral, estabelece-se um campo vibratório de proteção espiritual. A vários quarteirões em volta do local da gira ou templo, os caboclos e guardiões se colocam com seus arcos e flechas com dardos paralisantes e soníferos. Bandos de desocupados e malfeitores tentam passar por esse cordão de isolamento, mas são repelidos

---

3 Nota do autor: "gira" significa "sessão", "encontro". Podemos ter gira de desenvolvimento mediúnico, gira de caridade pública, ocasião em que se realizam as consultas.

4 Nota do autor: "demanda" é toda vez que há atendimento desobsessivo que envolve incursões nas organizações e comunidades do Umbral Inferior: resgates, desmanchos de magias negativas, apreensão de entidades empedernidas no mal. É bom salientar que essas movimentações mais austeras das falanges benfeitoras de Umbanda dão-se dentro do merecimento, livre-arbítrio e carma de todos os envolvidos nesses novelos enfermiços que geram os processos de imantação entre obsediado e obsessor.

com espécie de choque por uma imperceptível malha magnética. Outros espíritos que acompanham os consulentes não são barrados e, ao adentrar na casa, são colocados em local apropriado de espera, e várias entidades auxiliares lhes prestam socorro e preparação inicial. Por isso os consulentes sentem muita paz quando entram na casa e aguardam seu momento de consulta.

No ato da consulta, o Guia ou Protetor está trabalhando com o aparelho e dirige os trabalhos, tendo vários auxiliares invisíveis que ainda não "incorporam". Havendo necessidade, é dada passagem para as entidades obsessoras ou sofredoras que estão acompanhando os consulentes, como descrito em resposta anterior. Manipulam com grande destreza o ectoplasma do médium, que é "macerado" com princípios ativos eterizados de ervas e plantas, fitoterápicos astralizados usados para a cura. Os Espíritos da Natureza trabalham ativamente buscando esses medicamentos naturais nos sítios vibratórios que lhes são afins, bem como buscam, para a manipulação perfeita do caboclo ou preto velho, as energias ou elementais do fogo, ar, terra e água, que sempre estão em semelhança vibratória com os consulentes, refazendo as carências energéticas localizadas. É a magia dos quatro elementos utilizada para amenizar os sofrimentos dos homens.

Nos casos em que se requer atendimento a distância, nas casas dos consulentes, ficam programados trabalhos para a mesma noite ou noites posteriores, dependendo da urgência. Há intensa movimentação, e praticamente nunca descansamos. Numa casa grande, bem estruturada, chegamos a atender 500 a 600 consulentes, sendo que a população de espíritos desencarnados socorridos numa gira com essa demanda pode chegar a 4.000. Os chefes de falanges "anotam" todos os serviços que serão realizados durante e após a gira, pois as remoções e os socorros continuam ininterruptamente, sendo o dia de caridade pública aos encarnados o cume da grande montanha que se chama caridade.

Pergunta: Poderia nos dar maiores esclarecimentos sobre esses atendimentos a distância nas casas dos consulentes? Quais são os tipos de serviços "anotados" pelos chefes de falanges e o que ocorre nessas remoções socorristas?

Vovó Maria Conga: Esses atendimentos são em geral de remoção de comunidades de espíritos sofredores que ficam habitando na casa do filho doente e que procurou auxílio espiritual. Os chefes de falanges organizam os socorros que serão realizados em espécie de ronda que vão dirigir. Como são espíritos experientes nessas lides, sabem antecipadamente os imprevistos com que se depararão: vampiros, torturadores de aluguel, irmãos com aparências animalescas, resíduos e fluidos pútridos, drogados e viciados em sexo, enfim, verdadeiras comunidades sofredoras e maldosas habitando a mesma área etérea. Os caciques vão à frente liderando os comandados. É montada rede magnética de detenção à volta do local a ser higienizado. As falanges de apoio ficam em guarda em torno do local alvejado, e esse bolsão de miséria é removido para localidades hospitalares do Astral que comportam a densidade espiritual de cada envolvido, onde os socorristas aguardam para o atendimento de urgência de todos esses filhos.

Pergunta: Nunca se comprovou a utilização da palavra "Umbanda" dentro dos ritos, cultos e crenças africanistas. Diante da participação ativa dos pretos velhos da Angola e do Congo nas hostes umbandistas, pode-se negar a origem africana dessa religião?

Vovó Maria Conga: A Umbanda é muito mais antiga que o próprio homem na Terra. Muitos dos negros da Angola e do Congo foram sacerdotes no Egito, na Caldeia, na Pérsia e na Atlântida. Embora não haja a comprovação etimológica para o convencimento dos incrédulos homens, o conhecimento uno, antigo e milenar jaz nesses negros, mesmo naqueles que utilizam a magia para o mal em ritos, cultos e crenças distorcidas e aparentemente sem ligação com a Umbanda.

Pergunta: O que poderia nos dizer de alguns confrades umbandistas que negam abertamente a relação de culto com os ritos africanistas, afirmando a origem "cabocla" desse movimento em solo pátrio e que não teria nenhuma ligação com os negros da África?

Vovó Maria Conga: Que esses filhos são movidos por preconceito e discriminação racial e que consideram os cultos africanistas inferiores. Realmente há uma predominância de caboclos nas manifestações mediúnicas e nos prepostos dos Orixás; em todos se fazem presentes os caboclos peles-vermelhas, à exceção da linha de Yorimá e Yori. Mas o ser negro ou vermelho tem relação somente com uma existência na carne. Todos estamos constantemente evoluindo e passamos muitas vezes no vaso da matéria. Não discutiremos profundamente as nuanças da magia etéreo-física envolvida em cada culto ou raça ligada ao antigo e primevo conhecimento *Aumbandhã*, que veio de outra parte do Cosmo para auxiliar os homens, pois confundiríamos o leitor menos atento ao ocultismo umbandista.

Não tenho a menor dúvida da minha vinda de outra constelação, da passagem pelas comunidades atlante e lemuriana, e estou convicta da utilização desses conhecimentos em minha encarnação como negra africana. Preocupemo-nos com questões maiores e constituídas de amor fraterno e solidário para o exercício da verdadeira caridade. Como diz o bugre rude do interior, "cavalo ganho não se olha os dentes, não se pergunta a idade nem o tipo de pelo, pois nos apraz é a serventia do préstimo que o bichano vai dar". Tratemos a Umbanda como um cavalo ganho pelo grande senhor das almas, nosso Cristo-Jesus.

Pergunta: Muitos dizem que as entidades intituladas caboclos são rudes, ásperas e um tanto coercitivas, não têm trato fraterno e desrespeitam o livre-arbítrio e o merecimento individual nas atividades socorristas tanto aos encarnados como aos desencarnados. Isso é verdadeiro?

Vovó Maria Conga: Estamos todos evoluindo ininterruptamente. Realmente, alguns caboclos são diretos e algo ríspidos em alguns momentos. São índios aguerridos que enfrentam todo tipo de batalha com entidades de baixíssimo estado evolutivo, violentas, duras e raivosas. Enfrentam as organizações dos lucíferes do Umbral Inferior, resgatam prisioneiros e sofredores muitas vezes em condições extremamente adversas, em locais de grande densidade, quase que materializados e de dificílima movimentação. Toda atuação das falanges atuantes na Umbanda é regida pela Lei do Carma e pelo merecimento do socorro oferecido àqueles que são amparados. Como as remoções e os desmanchos envolvem grandes comunidades de desencarnados sofredores, seja mago negro ou soldado de organização do mal, as avaliações individuais da situação cármica dos socorridos são feitas posteriormente nos locais de detenção do Umbral Inferior, que são fortalezas vibratórias da Luz Crística no meio da escuridão. Logicamente, um caboclo não terá a gentileza de uma freira na sua incursão às regiões trevosas e abismais, pois, se assim fosse, o dispensaria da necessidade de apresentação do seu corpo astral como guerreiro indígena. Muitas vezes, uma voz rude e áspera denota espírito amoroso e sinceridade, ao contrário do verniz fraterno de mentes controladoras e maquiavélicas, que disfarçam seus verdadeiros sentimentos com a oratória recheada de conhecimento evangélico decorado em anos de estudo, mas com o coração árido de amor.

Pergunta: O método socorrista da mesa kardecista não é mais recomendado sob o ponto de vista do Evangelho do Cristo?
Vovó Maria Conga: Se a modalidade de cura para o filho socorrido é a conversa esclarecedora com grande apelo evangélico e que está de acordo com sua consciência, encaminhamos esse irmão socorrido para a mesa kardecista. A cada um é dado de acordo com sua necessidade evolutiva. Mas consideremos que nem todos no Universo em que atuamos estão receptivos a esse tipo de

atendimento doutrinário. Há uma linha dividindo a necessidade de esclarecimento evangélico que socorre da pretensão de alguns homens de a todos doutrinarem. O convencimento religioso e místico vem do íntimo de cada criatura, e o que se pode fazer é, em alguns casos, orientar, nunca catequizar ou tentar indistintamente convencer todos que se apresentam de crença contrária. Jesus não doutrinava os demônios dos possuídos, e sim "expulsava-os" com a sua superioridade moral e energia crística. Entendemos que o Evangelho do Cristo recomenda o amor ao próximo como a si mesmo; e o fato de um caboclo ser de poucas palavras, rude e áspero não o coloca como menos ou mais amoroso com seus irmãos do que o articulado doutrinador espírita de oratória eloquente, pois tais situações podem dissimular os verdadeiros sentimentos que estão em desacordo com as aparências que tanto os homens valorizam.

Pergunta: Se existem entidades de elevada estirpe sideral que labutam na egrégora de Umbanda, por que falam errado, às vezes num linguajar quase tribal e algo tosco?

Vovó Maria Conga: É o amor que prepondera como quesito principal na elevação das consciências. O conhecimento necessariamente não significa sabedoria, que é o outro alicerce que sustenta as entidades iluminadas que se manifestam por meio do mediunismo aos homens. Exatamente pelo incomensurável amor aos humanos é que muitas entidades vêm de outros locais do Cosmo, ainda inimagináveis aos seres da Terra, e se impõem imenso rebaixamento vibratório para se apropriarem novamente de um corpo astral. Percebam a dificuldade para se fazerem comunicar por intermédio de um aparelho carnal, limitado e preso às percepções materiais. Logo, a necessidade de se fazerem entender no exíguo tempo que têm para permanecerem em tão baixo padrão vibratório é o que determina o linguajar tosco ou tribal e que está de acordo com a capacidade de compreensão dos consulentes simples, pobres e iletrados que procuram às multidões os terreiros de Umbanda. Isso não quer dizer que não possam falar articuladamente e com grande sapiência diante dos homens doutos. Que os filhos não se deixem levar precipitadamente pelas impressões que mais marcam seus olhos e ouvidos.

Pergunta: O que é a chamada "mecânica" de incorporação?

Vovó Maria Conga: É a "posse" da entidade comunicante da parte psicomotora do aparelho mediúnico, que se dá pelo afastamento de seu corpo astral e completa apropriação de seu corpo etéreo pelo corpo astral do Guia ou Protetor espiritual, que servirá como mediador quase perfeito para seu corpo físico, que fica inerte, à disposição do novo "proprietário". Nesse caso, o invólucro material do médium fica cedido para a atividade mental do preto velho ou caboclo, que poderá manifestar-se à vontade, como se encarnado fosse. É muito rara a inconsciência total nessa forma de manifestação. O mais comum na mecânica de incorporação é uma espécie de sonolência letárgica, ficando o "aparelho" imobilizado em seu poder mental e, consequentemente, na parte motora, mas com semiconsciência de tudo o que ocorre e havendo considerável rememoração após o transe. O Guia ou Protetor espiritual não "entra" no corpo do médium como muitos pensam. O que ocorre é que há um afastamento do corpo etéreo, sendo este, sim, tomado como se fosse um perfeito encaixe, que é programado no Plano Astral antes da reencarnação.

Pergunta: A "mecânica" de incorporação no seio umbandista não é um tanto rudimentar quando comparada com outras lides do mediunismo (técnicas de mentomagnetização, cromoterapia, cones de luz, pêndulo radiestésico, irradiações a distância e psicografia intuitiva)?

Vovó Maria Conga: Os aparelhos que labutarão na linha de Umbanda diferem dos demais, pois, antes de reencarnarem, tiveram uma polarização energética em seus corpos astrais que os habilitará a trabalhar quando na vida física com as comunidades do

Umbral Inferior e com fluidos mais densos. São verdadeiras usinas de ectoplasma, e na sua maioria têm um leve afastamento do corpo etéreo, como se fosse uma janela vibratória que fica sempre aberta. Nesses casos, a mecânica de incorporação faz-se necessária para que o Guia ou Protetor espiritual possa manipular com maior precisão todos os fluidos envolvidos nos processos de cura, não só os do aparelho, mas também os da natureza. Afora esses aspectos, os próprios corpos físico e etéreo do médium tornam-se os principais agentes de cura e são fundamentais para os trabalhos das entidades ligadas à Umbanda e ao magismo da natureza.

Isso de maneira alguma os coloca em um mediunismo rudimentar, e tais comparações denotam um certo ranço vaidoso, como se houvesse um intercâmbio mais aperfeiçoado que outro. Não encaremos a mediunidade como se fosse veículo automotor de que a cada ano sai novo modelo, mais moderno e com recursos avançados. Esse automóvel terá longevidade, não incorrerá em multa ou acidente automobilístico, independentemente de todo o aparato técnico que o acompanha, e sim da habilidade do motorista que o conduzirá. Assim é o médium moralizado, de conduta reta, que faz a caridade desinteressada como o Cristo-Jesus praticava, qual motorista cuidadoso com as normas que o cercam e que respeita o cidadão que o acompanha, seja a pé, em carroça puxada por jumento ou em possante e veloz máquina corredora.

Pergunta: E as casas de Umbanda que a tudo resolvem, cobrando consulta e prometendo verdadeiros milagres?

Vovó Maria Conga: Não são da verdadeira Umbanda, pois caboclo e preto velho das genuínas falanges regidas pelos Orixás não vão a esses locais. Ali se comprazem entidades mistificadoras, e o vil metal é o motivo da satisfação vampirizadora que as realiza, formando círculo vicioso entre consulentes, encarnados e desencarnados, de difícil solução. O imediatismo dos homens na procura da realização de seus anseios, na maioria das vezes, os mais mesquinhos, ligados ao sexo, poder, trabalho e aos prazeres mundanos mais desregrados, faz com que se alimente esse triste processo de parasitismo. Se há quem pague, sempre haverá quem receba; é da Lei de Sintoma que rege a relação entre o mundo oculto e material, invisível e visível, imanifesto e manifesto.

Pergunta: Há a necessidade de pontos riscados e cantados, de defumações e águas de essências perfumadas nos rituais de Umbanda?

Vovó Maria Conga: Podemos dizer que os homens são cobertos por energias e magnetismo. Essas vibrações são responsáveis pela manifestação da vida na forma que os filhos conhecem no planeta Terra: mineral, vegetal, hominal e astral. As energias etéreas têm polaridades, ativa e passiva, positiva ou negativa, e se cruzam, estando interpenetradas. Dentro das sete linhas vibratórias dos Orixás, fazem-se necessários pontos riscados de identificação que reluzem vibratoriamente com forte magnetismo de atração no "lado de cá". As energias manipuladas atraem, absorvem, potencializam e expandem os fluidos movimentados pelos caboclos e pretos velhos. Na verdade, os pontos riscados são como elos identificadores que fazem a interseção do tipo de energia utilizada com a vibração específica da linha vibratória. Para que as forças que constituem esses elos sejam movimentadas especificamente para os trabalhos de Umbanda, é imperioso que haja o acionamento de determinados códigos de acesso, consoante o resultado que se queira alcançar. É um ato litúrgico que envolve a magia das entidades, que aglutinarão etericamente em torno dos traços riscados os fluidos e energias benéficas. Os riscos simbolizam a identidade da linha solicitada, da entidade e do tipo de trabalho exigido e servem como sinalizadores para as falanges envolvidas nessas demandas mais densas e que exigem grande quantidade de ectoplasma.

Os pontos cantados servem como verdadeiros mantras, elevando a vibração e a egrégora pelos sons articulados conjuntamente, e facilitam o intercâmbio mediúnico. Não têm nenhuma relação com a batucada ensurdecedora de atabaques que acabam incentivando o animismo e as mistificações.

O Pai propiciou aos filhos vários sentidos para que pudessem perceber o mundo físico que os cerca e galgarem a evolução na Terra. O olfato, dependendo dos aromas, aflora emoções e sentimentos. Os aromas podem deixar os homens agitados ou calmos, ansiosos ou relaxados. Antigamente utilizado nos rituais dos egípcios, dos hindus, dos persas e hoje na Umbanda e no Catolicismo, entre outros, o olfato é ferramenta de sensibilização que harmoniza e favorece a percepção psíquica, facilitando a recepção e inspiração mediúnica. Além dos odores envolvidos, as ervas, com seus princípios químicos, quando queimadas e eterizadas, tornam-se poderosos agentes de limpeza astral e de cura, mantendo mais agradável o ambiente.

Pergunta: Isso tudo não é dispensável para a ação caridosa dos bons espíritos?

Vovó Maria Conga: Qual bom espírito? Se o filho entende bom espírito somente como elevado, de vibrações sutilíssimas, doutor e erudito, quase que inatingível aos homens e aos irmãos desencarnados doentes que perambulam pela crosta terrena em busca de auxílio, qual caranguejo retido no lodo pegajoso e putrefato, realmente se faz dispensável. Mas a grande maioria dos trabalhadores do Além, laboriosos na caridade de Umbanda, anônimos e que não se manifestam aos olhos dos filhos, ainda está muito próxima dos sentidos humanos e evoluindo como tudo no Cosmo. São caboclos do interior, pais velhos, sertanejos, benzedeiras, índios, mestiços, enfim, a mais variada gama de espíritos que foram simples e ignorantes quando na carne. Logo, são necessários esses rituais exteriores para disciplinar e comandar todos esses agrupamentos, que numa primeira impressão podem levar a interpretações equivocadas dos menos atentos sobre o que verdadeiramente ocorre na Espiritualidade no auxílio socorrista aos filhos.

Pergunta: Tudo nos parece muito complexo. Se falharmos no canto ou na grafia do ponto, se utilizarmos ervas erradas para a defumação ou as essências odoríficas forem inadequadas, a caridade dos bons espíritos deixa de acontecer?

Vovó Maria Conga: A caridade nunca deixará de ocorrer nos locais onde prepondera o sentimento amoroso que propicia o altruísmo entre as criaturas. Certo está que existem muitos chefes de terreiro mistificando, achando-se indispensáveis, únicos e que acabam caindo no ridículo, expondo a Umbanda em seus princípios ritualísticos e magísticos à incompreensão dos filhos de outras crenças. Nesses casos, sim, faz-se ausente a assistência do "lado de cá" e não em decorrência de um ponto mal riscado, de um banho de descarrego errado ou de uma defumação malfeita. É a vaidade e o egoísmo de alguns cegos que conduzem outros, o que fecha as portas para o auxílio dos bons espíritos. Sabemos das dificuldades dos homens, e os sentimentos dos filhos são como um grande campo aberto à nossa visão astral.

Pergunta: Poderia nos tecer maiores comentários sobre os trabalhos de ectoplasmia que denomina de densos e que ocorrem nos terreiros ou templos umbandistas?

Vovó Maria Conga: É a substância mais utilizada pelos caboclos e pretos velhos nas curas e nos desmanchos. O ectoplasma se torna vital, visto que os espíritos não o possuem por se tratar de um fluido animalizado que se materializa no plano físico-etéreo. Nas curas, é utilizado na recomposição de tecidos e regeneração celular. Nos trabalhos de desmanche das magias negativas, potencializamos o ectoplasma, direcionando-o aos lugares onde se encontra a origem da feitiçaria, que geralmente são objetos vibratoriamente magnetizados e que continuam a vibrar no Plano Astral por muito tempo, mesmo após a decomposição física dos materiais utilizados nesses feitiços. Podemos torná-lo em forma de varreduras energéticas e, por sua densidade quase física, permite a mudança e a desmobilização de bases dos magos negros. Os médiuns que têm compromisso com a linha de Umbanda são grandes doadores desse fluido vital.

Pergunta: O que é a chamada "Lei da Pemba"?

Vovó Maria Conga: É importante deixar claro aos filhos que a pemba, um tipo de giz especial para utilização ritualística, na verdade, não tem nenhuma utilidade prática, podendo ser qualquer tipo de giz. O que se torna fundamental é o conhecimento cabalístico da entidade ou do médium que está realizando os sinais riscados. Esse amontoado de pembas por aí é só para confundir e para alguns incautos fazerem comércio em cima do grande desconhecimento da maioria dos ditos "iniciados" nas coisas ocultas. Os princípios iniciáticos dos pontos riscados, que ficaram indevidamente denominados entre os homens como "Lei da Pemba", quando corretamente manipulados, identificam: a vibração da entidade, o Orixá, a falange, a subfalange, a legião ou o agrupamento, o grau hierárquico, se é um Orixá Menor, Guia ou Protetor, a vibração do astro regente, entre outras identificações necessárias para os trabalhos de magia.

Pergunta: A Umbanda esotérica é a mesma Umbanda "tradicional"?

Vovó Maria Conga: Na Lei Maior Divina, a Umbanda é uma só. O que ocorre é que o dito movimento esotérico tenta resgatar um método de estudo que leve ao conhecimento mais profundo das coisas ocultas, não se preocupando em demasia com os ritos exteriores. Em verdade, esse movimento vem resgatar a Umbanda em seus princípios iniciáticos mais puros e antigos, tornando necessário um maior estudo dos médiuns. Caminha a nossa sagrada Umbanda para a unificação de sua ritualística. O grande desafio dos esotéricos é não afidalgar a Umbanda e não deixar que o conhecimento afaste os filhos da simplicidade que deve haver na caridade com os consulentes que demandam as portas dos terreiros e templos.

Pergunta: O que é "fazer a cabeça"? Se o pai de terreiro não "fizer a cabeça", o médium não se desenvolve?

Vovó Maria Conga: Essa questão muito nos entristece. Há muitos filhos querendo ser médium, ser cavalo de Umbanda de qualquer jeito; chegam a procurar um "pai de santo" para "fazer a cabeça" e firmar o Guia ou Protetor. O estranho dessa situação é que chegam a procurar diversos terreiros, até aqueles que dão certificado para mostrarem depois que são "cabeça feita". Não se paga para obter a mediunidade de tarefa e muito menos alguém nos pode capacitar para aquilo que não temos. Sendo assim, os aproveitadores da fé alheia fazem-se presentes, e isso não tem nada a ver com a Umbanda e Suas Sagradas Leis.

Ramatís: O Cristo-Jesus dizia: "Quando um cego guia outro, ambos cairão na cova". Essas palavras devem ter um sentido especial para os diretores espirituais da Terra nas diversas formas de manifestação do mediunismo. Vocês estão vivificando a era dos gurus no momento em que a humanidade começa a se voltar para o holismo (o homem é um todo indivisível partícipe do Cosmo). Do Oriente ao Ocidente, há aqueles que se dizem mestres a conduzir aprendizes. A iniciação independe de diploma ou certificado, e nenhum homem ou espírito pode iniciar outro, pois cada um inicia a si mesmo. Jesus, um verdadeiro Mestre Espiritual que já esteve entre vocês, nunca iniciou nenhum de seus discípulos ou apóstolos, que eram gente do povo, toscos, mas puros de coração. Lembrem-se, contudo, da autoiniciação, muito bem mostrada no dia de Pentecostes, em que 120 discípulos do Divino Mestre iniciaram a si próprios, depois de nove dias de silêncio, jejum e meditação.

Demonstra presunção e arrogância quem diz que vai iniciar alguém ou "fazer a cabeça" para capacitá-lo como médium umbandista. O ritual aplicado não significa iniciação espiritual interiorizada, e a condição para um Guia, Protetor, Mentor ou Anjo Guardião se fazer manifestar por intermédio de um aparelho mediúnico é o compromisso assumido de longa data no Além, que por si só não garante que tal ocorra se a condição moral do médium for inadequada. Essa situação é uma espécie de fraude que os mais espertos realizam com os que procuram de todo jeito a mediunidade para satisfazer suas vaidades, como se quisessem adquirir um objeto valioso, que dê *status* e possa ser mostrado como joia rara finamente enfeitada e conquistada com sacrifício.

Pergunta: Por que são necessárias sete iniciações no desenvolvimento mediúnico da Umbanda Esotérica para o médium ser considerado apto aos trabalhos ou de "cabeça feita"?

Vovó Maria Conga: O fato de um médium ter feito as iniciações existentes nesses locais não o avalia como instrumento fiel e seguro aos "olhos" do "lado de cá". Um número determinado de iniciações, seja na mata, no mar, na cachoeira, na pedreira ou em outros sítios vibratórios na natureza, é, antes de mais nada, um oferecimento energético que serve como repositório salutar àqueles que se encontram em desenvolvimento. Se a aptidão mediúnica não se faz presente no corpo astral – o verdadeiro veículo que deve estar sensibilizado para o intercâmbio antes da encarnação –, não adiantam as iniciações e independem de quantidade. Ocorre que esse tipo de sistemática facilita o aprendizado e o aparelho vai se "habituando" com as vibrações dos Guias e Protetores, até ser considerado em condições pelo diretor espiritual, ou não, de participar ativamente das giras de caridade e dos demais trabalhos no terreiro ou templo.

Pergunta: Observamos em alguns templos uma graduação setenária de classificação hierárquica dos médiuns. Há como se classificar o corpo mediúnico?

Vovó Maria Conga: Hierarquia na Umbanda não deve significar superioridade como quartel de militar. Muitas vezes, a mais singela tarefa, como a de recepcionar os consulentes da entrada do terreiro, é a que requer mais amor e humildade. Logo, os filhos não se devem envaidecer com títulos, graus ou nomes pomposos. Acreditamos que os graus hierárquicos podem ser ferramentas eficazes para a educação mediúnica, como método de estudo, e para manter a disciplina principalmente nas casas maiores.

Pergunta: Considerando-se que o desenvolvimento mediúnico se dá pela moralização do médium e pela capacidade de seus "dons" de sintonia com o Plano Astral, as iniciações em matas, cachoeiras, praias, entre outras citadas e utilizadas pelos umbandistas, não são desnecessárias?

Vovó Maria Conga: Nas casas sérias, que realmente têm amparo dos bons Guias e Protetores da Sagrada Umbanda, filho de fé que não tem moral não entra para a educação mediúnica, pois não terá condição de ser "cavalo de demanda", ou médium umbandista. Claro que, se os "dons" estão ausentes, será dispensada qualquer atividade de desenvolvimento ou iniciação na natureza. As iniciações são necessárias para fortalecimento energético dos médiuns e para "firmar" as vibrações com as entidades que estão programadas para trabalhar com o aparelho. "Cavalo" de Umbanda trabalha com fluidos do Umbral Inferior, com magia, grande quantidade de ectoplasma e energias etéreas da terra, do ar, do fogo e da água. Por si sós, as oferendas e os rituais aplicados nesses locais não garantem a plenitude mediúnica, que deverá vir acompanhada de moral elevada, conduta reta e sentimento de doação, de exercício da caridade desinteressada e, inevitavelmente, de amor ao próximo.

Pergunta: Afinal, o que é exu?

Vovó Maria Conga: Na concepção original do termo, não se classifica exu em um tipo de entidade. É um princípio vibratório que obrigatoriamente participa de tudo. É dinâmico e está em tudo que existe. É a força que impõe o equilíbrio às criaturas que ainda têm carmas negativos a saldar. Sendo assim, abrange uma enorme parcela no Cosmo imensurável.

Cada um dos filhos tem seu exu individual. Cada Orixá, com seus correspondentes vibratórios, tem seus exus. É o exu o executor das Leis Cósmicas. Não é nem bom nem ruim, nem positivo nem negativo. Sendo neutro, é justo. A função de exu consiste em solucionar, resolver todos os trabalhos, encontrar os "caminhos" apropriados, "abri-los" ou "fechá-los" e fornecer sua ajuda e poder a fim de mobilizar e desenvolver na existência de cada indivíduo sua situação cármica, bem como as tarefas específicas atribuídas e delegadas a cada um dos Guias e Protetores.

Infelizmente, existe muita confusão e controvérsia sobre os exus. Não gostamos de "falar bonito", mas a situação impõe que busquemos os conhecimentos disponíveis aos filhos. Analisando a etimologia dessa palavra, não chegaremos a um consenso. Existem três correntes de pensamentos entre os filhos que tentam explicá-lo: a primeira corrente afirma que a palavra "exu" seria uma corruptela ou distorção dos nomes *esseiá/essuiá*, significando "lado oposto" ou "outro lado da margem", nomenclatura dada a espíritos desgarrados que foram arrebanhados para a Lemúria, continente que existiu no planeta Terra antes da Atlântida. A segunda corrente assevera que o nome "exu" seria uma variante de "Yrshu", nome do filho mais moço do imperador Ugra, na Índia antiga. Yrshu, aspirando ao poder, rebelou-se contra os ensinamentos e preceitos preconizados pelos Magos Brancos do império. Foi totalmente dominado e banido com seus seguidores do território indiano. Daí adveio a relação Yrshu/exu, como sinônimo de povo banido, expatriado. A terceira corrente afirma que o nome "exu" é de origem africana e quer dizer "esfera". Ainda entre os hebreus encontramos o termo "exud", originário do sânscrito, significando também povo banido e que inevitavelmente está ligado com a lenda da Índia antiga.

Trouxemos toda essa erudição só para demonstrar aos filhos incrédulos a antiguidade da palavra e que, vibratoriamente, os exus acompanham os homens desde as civilizações primevas.

Pergunta: Então, o que são esses vários exus do meio umbandista, dos mais diversos nomes: Pinga-Fogo, Exu-Mirim, Exu do Mar, Exu Gira-Mundo, Caveira, Bará, Pedra Negra, Veludo, dentre outros?

Vovó Maria Conga: Os exus originais, agentes mágicos universais, não têm um corpo astral, não são um princípio espiritual encarnante e não se manifestam mediunicamente, assim como os Orixás. Os Orixás seriam os positivos, e os exus, os negativos, se estivéssemos falando de polaridades energéticas aos filhos. Mas, fora isso, existem entidades que trabalham na linha vibratória de determinados exus e, por associação, passaram a ser identificadas com esses nomes, assim como os Guias e Protetores atuam nas linhas vibratórias dos Orixás e são indevidamente tomados como sendo a própria vibração de exu. Alguns nomes podem parecer estranhos para a compreensão dos filhos mais sensíveis, mas realmente assim o são. Ocorre que há uma confusão entre vibração e entidade. Embora os espíritos que atuem na egrégora umbandista tenham a denominação de exus, não o são verdadeiramente, pois a vibração de exu em si não se relaciona com o mundo da forma diretamente, mas, sim, por intermédio de entidades espirituais que atuam como "procuradores" na magia de cada exu e que se relacionam com as sete vibrações dos Orixás, como descrevemos inicialmente. Muitos chefes de terreiro utilizam-se dessas confusões para locupletarem-se no mando dos agrupamentos que dirigem e, escondendo-se em uma falsa inconsciência, dizem estar "incorporados" de tal e qual Orixá, este ou aquele exu, gerando fascinações e obsessões coletivas, caindo terrivelmente nas mãos das organizações de baixa envergadura moral do Umbral Inferior.[5] Ao percorrermos alguns terreiros

---

5 Nota do autor: no início de minha prática de caridade no mediunismo umbandista, tive certa dificuldade em aceitar dois amigos espirituais que estavam destinados a trabalhar comigo nesta encarnação na mecânica de incorporação. Eivado de preconceito, só queria trabalhar com os pretos velhos e caboclos. Eis que me encontrei em terrível assédio de organização do Além que, por meio de enfeitiçamento apropriado para me desequilibrar, que não cabe nesta nota detalhar, levou-me a repentino

ditos de Umbanda, mas que não o são verdadeiramente, verificamos quão distorcido é o conceito sobre a figura dos exus e o que, por associação, passou a ser identificado com esses nomes. Há uma imagem pejorativa de exu, o que fez com que uma gama de espíritos de certa evolução que vieram à Umbanda desempenhar funções mais terra a terra, próprias da linha vibratória de exu, fossem equiparados a falangeiros do mal, sendo até hoje simbolizados por figuras grotescas, com chifres, rabos, pés de bode, tridentes, sendo tal imagem do mal, como do diabo em pessoa, pertinente a outros segmentos religiosos e decorrente do sincretismo, não da verdadeira Umbanda.

São os genuínos exus da Umbanda que garantem a segurança dos trabalhos, mantêm a organização e a disciplina e são grandes

---

enfraquecimento e indisposição com tudo. Em trabalho de demanda/desobsessão previamente marcado em corrente de 21 médiuns, realizado na frente do Congá na casa de Umbanda que frequentava, surpreendeu-me, em desdobramento clarividente, um exu-entidade que se disse chamar Bará e que desmancharia o que tinha sido feito de mal, pois ele era profundo conhecedor daquele tipo de magia. Disse-me que, a partir daquele dia, se eu o aceitasse, trabalharíamos juntos nesta encarnação, pois assim previa nosso planejamento reencarnatório realizado pelos mestres responsáveis no Astral, verdadeiros engenheiros cármicos, que, em criteriosa análise de nossa ancestralidade, já que um espírito nunca evolui só no ir e vir na carne, definiram-no, pelos sólidos laços de simpatia que nos uniam havia milênios, como um dos exus-entidade que nos assistiriam nos labores mediúnicos, o que havíamos aceito, ambos, de bom coração. Após esse atendimento, fiquei imediatamente bom, e este amigo espiritual, um espírito familiar hoje denominado exu Bará, que trabalha como entidade na vibração de exu, tem-se mostrado um fiel protetor naqueles atendimentos que envolvem incursões umbralinas, grandes remoções de espíritos sofredores e desmanchos de organizações malévolas, preservando-nos de repercussões vibratórias deletérias oriundas desses locais de baixíssima vibração. O exu Bará se apresenta como uma espécie de militar, fardado como se fosse de um exército, e comanda um agrupamento sob as suas ordens. Ainda trabalho com o exu Pinga-Fogo, que é um chefe de legião, grande mago e exímio manipulador do fogo etéreo. Apresenta-se todo de preto, muito alto, com longa capa. Ambas as entidades são minhas ancestrais e evoluem na Umbanda. Servem ao comando de Vovó Maria Conga, pois são agentes mágicos da vibratória do Orixá Yorimá, que rege os trabalhos dos pretos velhos. Essa foi uma grande lição de humildade, pois somente estando em maus lençóis aceitei esses amigos espirituais, "dando o braço a torcer" em minha vaidade, orgulho e preconceito espirítico.

"combatentes" quando em atividades socorristas e de resgates nas organizações malévolas do Umbral Inferior. Os espíritos que "baixam" em alguns terreiros dizendo serem exus, galhofeiros, imorais, deselegantes, de vocabulário impróprio, xingando, enfim, tumultuando o ambiente, não são exus, mas espíritos doentes, kiumbas obsessores, que comparecem ou por invigilância do médium e consulente, ou pela baixa moralidade do grupo mediúnico. Mas essas invasões também ocorrem fingindo-se de caboclos e pretos velhos, pois esses espíritos são mistificadores e tentam fingir o que não são, em processo de assédio para conturbar os trabalhos.

É fruto da ignorância dos homens, das suas ambições e vaidades mesquinhas, a exploração desses irmãos doentes, os kiumbas, que, em escambos ilícitos moralmente, fazem-se presentes nas vampirizações fluídicas, tornando alguns terreiros balcão que a tudo resolve por meio de despachos pagos e rituais macabros e em total discordância com as Leis Divinas e de merecimento individual de cada um. Exu não é o diabo. Exu respeita o carma de cada cidadão e não faz nada que contrarie o livre-arbítrio e o merecimento de cada criatura.[6]

Pergunta: Embora tratando-se de tema já abordado neste livro, pedimos sua opinião para ampliarmos as elucidações sobre o que sejam os Orixás.

Vovó Maria Conga: Tentarei ser direta e simples, facilitando o entendimento ao maior número de filhos. Existem planos

---

6 Nota do autor: para maiores esclarecimentos dos leitores interessados na atuação das entidades denominadas "exus" na Umbanda, indicamos a leitura do livro *Mandinga*, de Edson Gomes (Editora Cristális), ditado pelo exu Serra Negra. Cumpre ressaltar a atuação dessas entidades, que respeitam rigorosamente nosso livre-arbítrio e merecimentos individuais e só agem para restabelecê-los quando distorcidos por feitiços e magias negativas. Ressalta Serra Negra: "em nenhum momento, a responsabilidade dos personagens pelos seus destinos é delegada a este ou àquele espírito, encarnado ou não. Vale dizer que a atuação do mal só se faz em terreno apropriado para seu cultivo e proliferação".

vibratórios que estão paralelos em densidade e frequência, mas interpostos uns aos outros. Quando um recém-desencarnado que foi socorrido desperta em um hospital espiritual do Plano Astral, ele se encontra num entreposto transitório, intermediário entre duas dimensões de vida diferentes. Essas estruturas energéticas são "construídas" por seres espirituais de alta estirpe, que elaboram formas mentais e as plasmam com o pensamento no Éter que a todos envolve. Desse hospital, passará para a dimensão correspondente ao seu nível energético e padrão vibracional do corpo astral. Há os que continuam perambulando no que os filhos denominam de Umbral, que poderemos chamar de Astral Inferior, que é uma região muito "pesada" e que reflete o estado íntimo de cada criatura que por ali se encontra. Tudo é exteriorizado das mentes afins com formas de cavernas escuras, abismos intermináveis, favelas e cidades medievais perdidas no tempo. O que regula a manifestação de todos esses espíritos nas formas plasmadas, do físico ao plano dimensional mais rarefeito que os filhos possam conceber, são os Orixás, verdadeiras vibrações cósmicas provindas do hálito de Deus. Quando um espírito elevado plasma um hospital no Astral pela sua força mental, essa formação energética se mantém indefinidamente pelas leis reguladoras dos Orixás. Os espíritos não precisam ficar o tempo todo mentalizando para manter a forma requerida. Assim é no Universo infinito, onde essas posições vibradas, Orixás, se fazem presentes em todos os planos em que a vida espiritual se viabiliza pela manifestação nas formas. Os Orixás não encarnam e são princípios vibratórios regentes no Cosmo.

Pergunta: Se os Orixás são vibrações cósmicas reguladoras da manifestação dos espíritos na forma, por que há tanto folclore, imagens e Orixás se fazendo "ver" no mediunismo umbandista? Os homens não se excederam no fetichismo e não personificaram em demasia?

Vovó Maria Conga: Sem dúvida! Os homens necessitam de apoios visíveis e que possam tocar em seus sentidos físicos para acreditarem e terem fé. Infelizmente, quando um "Ogum" rodopia na entrada de um terreiro com espada de São Jorge na mão, um "Xangô" cai ao chão em urros batendo com a cabeça ou "Oxóssi" se personifica em um médium vestido de índio em espécie de transe anímico e folclórico, entristecemo-nos por todos esses exageros. Respeitamos a consciência e a necessidade espiritual de cada cidadão, mas não podemos estar de acordo com os disparates de alguns "umbandistas" que transformam as giras e os terreiros em verdadeiros espetáculos circenses, em que as apoteoses chegam a ser mais importantes que qualquer outro trabalho de caridade. A discrição, a humildade e a simplicidade dos verdadeiros Guias e Protetores das vibrações dos Orixás da Umbanda Sagrada aceitam e respeitam as imagens que materializam a fé ausente, muito em decorrência do sincretismo religioso e pouco dos ensinamentos umbandistas, mas abominam os exageros em que alguns homens incorrem pela vaidade desmesurada que os move.

Pergunta: Os Congás cheios de imagens de todos os tipos são importantes? Afinal de contas, o que é um Congá?

Vovó Maria Conga: O Congá é o local sagrado de todo o cerimonial umbandista. Os rituais que são aplicados têm no Congá o ponto máximo de convergência vibratória durante os trabalhos magísticos de uma gira de caridade. As vibrações de Oxalá emanam desse ponto, abrangendo toda a corrente que se forma. Os que adentram em um templo umbandista ainda não estão em condições de prescindir dos objetos que serão pontos focais dos pensamentos direcionados para um local em comum e que estrutura e mantém a egrégora necessária para a magia. Encontram no Congá esse ponto de referência e fixação.[7] Esses excessos de imagens são resultado do

---

[7] Nota do autor: os templos de todas as correntes religiosas, do passado e do presente, sempre souberam que se faz necessário um ponto focal – o altar – para centralizar o conjunto vibratório. Na Antiguidade, usava-se uma chama sobre os altares, simbolizando a Luz Divina, como nos Templos da Luz atlantes, prática herdada pelos egípcios, hindus, gregos, celtas e até romanos, onde as oferendas

sincretismo e, sob certo aspecto, serviram muito para acalmar as mentes desajustadas e doentes que, procurando a cura dos males na Umbanda, encontram na imagem do seu santo de fé a certeza de que ali resolverão seus infortúnios, acalmando os corações em desalinho.

O que ocorre é que alguns Congás são uma confusão de tal monta que nem os mais afeitos do "lado de cá" a pontos de identificação para os consulentes, de fixação e eliminação dos fluidos dos elementos utilizados na magia conseguem entender. Esses Congás mal orientados, carregados de fluidos deletérios e das baixas entidades do Astral Inferior, nada têm a ver com a imantação que tornará o Congá um corredor de boas correntes, de descargas saudáveis e outros benefícios da manipulação magística dos pretos velhos e caboclos.

Pergunta: Parece-nos que há um excesso de hierarquia na Umbanda: legiões, falanges, subfalanges, agrupamentos, guias, protetores. Isso é correto?

Vovó Maria Conga: Não classifiquemos como correto ou incorreto. É uma forma de agrupar as entidades dentro das vibrações dos Orixás que lhes são afins e nas quais laboram na Umbanda. Como existe enorme quantidade de espíritos, incorporantes e não incorporantes, a maioria ainda sem direito a um aparelho mediúnico, fez-se

---

de flores, incenso, perfumes etc. faziam a conexão com as energias da natureza. Aliás, entre os celtas, onde foi sacerdote, por exemplo, Allan Kardec, os altares eram erigidos nas grandes florestas para trabalhar diretamente com as forças sagradas da natureza. Talvez os kardecistas muito ortodoxos sofressem um choque emotivo se pudessem vislumbrar a figura austera do mestre de Lyon no papel de sacerdote druida, de túnica branca, entre os carvalhos da antiga Gália, oficiando diante dos altares o culto sagrado da mais pura das magias, com a evocação das forças elementais, reverenciando a Mãe Terra e os espíritos das árvores, com os belos rituais de harmonização e cura por meio de sons e cânticos sagrados em que eram mestres os druidas. Não gratuitamente, os Guias do professor Rivail lhe sugeriram adotar o pseudônimo de Allan Kardec. Grandes energias espirituais de proteção e harmonia deveriam estar ligadas, como numa "chave" oculta, a esse nome sacerdotal.

necessário um método de estabelecer uma rígida hierarquia, com a finalidade precípua de organizar, e não de classificar em superior ou inferior. A maioria são filhos ainda muito apegados à matéria, ansiosos por reaver o equilíbrio com as leis cósmicas pelas muitas faltas cometidas na carne. São lavradores, carregadores, marujos, sertanejos simples, andarilhos, negros excluídos, índios maltratados e perseguidos, todos simples e toscos, formando um gigantesco exército que travará uma enorme e intermitente batalha: levar aos sofredores consolo e cura, respeitando os ensinamentos do Cristo, o merecimento e o livre-arbítrio individual, causando alívio aos doentes da alma de todas as procedências, que procuram a Umbanda aos milhões, diariamente, nesta terra chamada Brasil.

Vivência Crística e Universalidade

Pergunta: No que consiste hoje seu trabalho e o dos irmãos da Fraternidade da Cruz e do Triângulo dentro da Umbanda?
Ramatís: Na verdade, não trabalhamos "na Umbanda" ou em qualquer outra forma de manifestação mediúnica espiritualista que estabeleça o intercâmbio entre os diversos planos vibratórios que permeiam a vida e a consciência dos terrícolas. A concepção dos homens na sua maioria se limita a sua própria experiência, no interregno reencarnatório em que se encontram estagiando, qual esmeril que burila o minério bruto e impuro do ego inferior e que não consegue visualizar a fina ourivesaria do Eu Superior a que esse material rochoso está destinado. Sendo assim, é de difícil entendimento para vocês a realidade de que não existem separações do "lado de cá". Atuamos numa faixa vibratória que podem denominar, para um melhor entendimento, como crística, em que a união amorosa e solidária entre as criaturas se estende a uma amplidão cósmica e interplanetária, cingindo sob o manto do Cristo Planetário todas as exteriorizações de mediunismo existentes aos olhos carnais e que independem de doutrinas, filosofias ou religiões da Terra.

É conceptível a vocês que um desencarnado doente, em desequilíbrio por motivos vários, seja socorrido por uma preta velha em gira de caridade numa egrégora terrena umbandista e, por respeito à consciência desse ser, ele seja imediatamente removido para o esclarecimento fraterno numa mesa espírita, e essa preta velha "vista" seu corpo astral como freira para esse atendimento, pois, além de escrava, também foi religiosa católica em tempos idos? Da mesma forma, que o médico mentor da sessão desobsessiva acompanhe irmão em socorro para "conversar" com o cacique, "transformado" em caboclo indígena, e que, com seus silvos e "mandingas", desperte esse ente para as realidades espirituais, que estarão de acordo com sua consciência e crenças, já que o mesmo não se encontra afim nesse momento existencial com a preleção evangélica de cunho doutrinário? Logo, podem concluir que atuamos em todos os locais em que haja o amor e nos quais o Cristo interno das criaturas se inicia como chama ardente. Aos poucos, os homens vão compreendendo que essas divisões na face do orbe nada mais são que frutos das suas vaidades.

Estamos comprometidos com os Maiorais sidéreos para o esclarecimento e o aceno à sensatez cristã que deve preponderar em todos os corações da aura planetária da Terra. O conhecimento incentiva o discernimento que conduzirá à união solidária e fraterna entre os homens, que independerá das diversas religiões e doutrinas terrenas.

Quanto ao movimento de Umbanda em solo brasileiro, tendo sido planejado pela Alta Confraria da Espiritualidade Superior, tem papel importante e decisivo para essa grande marcha de unificação religiosa dos homens e que não se relaciona com nenhuma instituição terrena.

Pergunta: Será que, havendo essa unificação religiosa entre os homens no Terceiro Milênio, os desmandos e as atrocidades em nome das religiões não retornarão?

Ramatís: Paradoxalmente, a unificação religiosa do Terceiro Milênio planejada no Astral Superior não estará expressa no mundo dos homens por intermédio de uma única instituição terrena, doutrina, filosofia ou religião. Será um estado de consciência coletiva que levará a uma unificação amorosa entre os cidadãos. A humanidade, depois de milênios de dores, intolerâncias e preconceitos ligados às questões da religiosidade, chegará a um estágio de amadurecimento consciencial que fará morrer o homem velho e nascer o homem novo, místico e universalista. A solidariedade e a fraternidade entre vocês serão de senso comum, e aquilo que não praticam em termos de fé não será motivo de separatismo e incompreensões raivosas, como as que ocorrem atualmente. Nesse aspecto, continuará gradativamente o despertamento dos homens de conformidade com o planejamento sideral. Muitos de vocês reencarnarão em outros planetas, por não terem mais condições morais de permanecer na aura planetária da Terra, bem como em famílias que praticam a fé que os contraria e que hoje é motivo de ódio e violência, mas que amanhã será aceita e compreendida. Outros virão em reencarnações missionárias de paragens cósmicas muito "distantes", e inexoravelmente o Planeta continuará evoluindo. Repetindo: o tempo é incansável professor e mestre dos alunos retidos na escola primária da Terra.

Pergunta: No momento em que vivemos, como devemos nos posicionar diante da intolerância dos mais diversos segmentos religiosos, em face ao despertamento para a unificação no amor, que não tem cor, predicado, adjetivo, doutrina, dogma, filosofia ou religião?

Ramatís: Se tiverem o amor crístico universal como conduta de vida, não desperdiçarão suas energias com as intolerâncias de alguns homens mais ferrenhos em suas opiniões. Jesus dizia: "O Reino de Deus é semelhante a um negociante que possuía muitos bens. Achou uma pérola e, sábio como era, vendeu tudo o que tinha e comprou essa pérola única. Procurai também vós o tesouro imperecível, que se encontra lá onde as traças não se aproximam para comê-lo nem os vermes o destroem". O amor que unifica se encontra após a procura incessante do Reino de Deus e está acima das coisas mundanas.

O que o Divino Mestre chamava "a única coisa necessária" está dentro de cada um de vocês, mas ainda é uma pérola desconhecida para a maioria. Para que seja despertado em seus corações o amor que unifica, devem abandonar todos os apetrechos dos bens inúteis que os retêm nas coisas comezinhas da vida, nulidades que os mantêm egoístas com seus irmãos, e descobrir no oceano de suas almas a pérola do verdadeiro tesouro do amor crístico, que é imperecível como os valores do espírito eterno.

Pergunta: Que medidas práticas educativas devemos tomar para dar início a essa vivência crística, levando-nos para a construção efetiva do sentimento de unidade amorosa entre os homens?

Ramatís: Estão como um neófito diante da suprema experiência mística em que a alma deve ser entregue totalmente às coisas divinas. O maior obstáculo é ultrapassar a porta estreita que conduz ao interior desse templo de Luz e Amor, mas, ao mesmo tempo, se encontram paralisados na caminhada, não conseguindo dar o passo decisivo. Para entrar no salão principal e celebrar as núpcias divinas, não devem se deixar influenciar pelos desejos comuns aos homens. É tarefa das mais árduas deixar de lado os valores transitórios e fugazes dessa sociedade profana, por mais que se considerem espiritualizados e conhecedores do mundo oculto, pois a pureza dos sentimentos se encontra nos simples e independe do conhecimento do intelecto.

Observem que a vida de Jesus, a representação encarnada do Cristo Cósmico, tornou-se cada vez mais solitária e espinhosa durante sua trajetória entre os ideais e objetivos dos homens: no domingo de Ramos é recepcionado por milhares, na Santa Ceia são somente os doze apóstolos, no Horto das Oliveiras se faz ouvir por apenas três, chegando ao calvário da cruz em total solidão e desnudo, ocasião em que se entrega dizendo: "Pai, em tuas mãos entrego o meu espírito". Atentem para a sublimidade desse instante único do Rabi, em que entrega seu espírito burilado pelos sofrimentos que o afligiram na estada terrena, sendo totalmente secundário o frágil corpo que simboliza a perecibilidade das coisas materiais diante da perenidade dos valores espirituais.

Quanto mais avançarem nessa caminhada, mais solitário se sentirão e maiores serão os apelos dos que ficam retidos na poligamia do mundo e que se esquecem da monogamia que o amor do Cristo exige, pois a comunhão de todos os santos não acontece no mundo material. A medida prática que devem adotar para início da vivência crística que desperta o amor que unifica os homens é interiorizar os ensinamentos contidos no Evangelho de Jesus, verdadeiro tratado cósmico de libertação das almas e de convivência amorosa no Universo.

Pergunta: Uma pessoa chega à convicção sincera de que o Princípio Onipresente no Universo é Deus e entende que pode entrar em relação direta com a realidade transcendente e imanente. Já que o intelecto não lhe pode propiciar essa experiência mística, como poderá transformar o entendimento teórico adquirido até o presente em realidade prática e consciente de realmente sentir Deus em Tudo e em Todos?

Ramatís: Todos os grandes iniciados da História sempre colocaram o autoconhecimento acima de qualquer conhecimento externo. Quem conhece tudo das coisas exteriores, mas ainda não conhece a si mesmo, na verdade não conhece nada, pois o conhecer-se a si próprio é reencontrar-se com Deus, desde o momento em que essa interiorização o leve a exaltar o Eu Superior e a submeter as coisas inferiores à sua razão. No início do Sermão da Montanha, Jesus felicitava os pobres, porque deles era o Reino dos Céus. Por essas palavras, podem concluir que aqueles que se desapegaram interiormente das coisas materiais, do egoísmo e da vaidade "sentirão" Deus e Seu Reino.

A tarefa maior para "sentir" Deus em tudo e todos consiste em despertar em vocês a fortaleza do espírito diante do atrito insistente da matéria, mas convivendo harmoniosamente com o meio. O Pai em Sua essência e transcendência não pode ser sentido, mas em Sua imanência pode ser realizado pelo homem em sua existência terrena.

Pergunta: É verdadeira a afirmação de que você é o grande responsável pela tarefa de realizar a codificação da Umbanda?

Ramatís: A codificação da Umbanda se dará por sua purificação ritualística, que será gradativa e de forma alguma extemporânea, e os códigos que devem prevalecer verterão de diversas fontes, não se circunscrevendo tarefa de tal envergadura a um único nome da Espiritualidade. Quando muito, traremos informações e esclarecimentos para o espiritualista de boa-fé comprometido com a união crística de todas as doutrinas dos homens, mas que não causarão nenhum espanto ou arroubo pela novidade inesperada ao umbandista sério e estudioso.

Nunca tivemos pretensões de tarefas grandiosas e, quando temos que nos posicionar sobre assuntos os mais diversos que são colocados para nossa singela opinião, ao que nunca nos recusamos, pois é de nossa índole e comprometimento com vocês, em momento algum nos consideramos mestres de quaisquer assuntos nem de ninguém, sabedores que somos das nossas condições de eternos calouros e aprendizes diante da magnitude de uma única Perfeição Absoluta que a todos envolve, que é Deus.

Pergunta: Existe algum mal perante Deus em se trabalhar na Umbanda, e isso pode prejudicar a evolução espiritual?

Ramatís: O mal está em cada um de vocês, e não em trabalhar em quaisquer formas de manifestação do mediunismo aos olhos dos homens. Avaliem as ações caridosas que estejam realizando e verifiquem no íntimo de seu ser se há o bem e o amor em seu coração.

Jesus dizia: "A mim foi dado todo o poder do céu e da terra; e assim como meu Pai Me enviou, eu vos envio. Ide; proclamai o Reino de Deus a todas as criaturas; expulsai os maus espíritos; curai todas as enfermidades que há entre o povo; e eis que estou convosco todos os dias até a consumação dos séculos".

O homem sedento de aprovação de seus atos, quando há dúvida em seu coração, estimulada por aqueles que o cercam, procura incessantemente a aceitação da sua conduta, transferindo para a Divindade o "julgamento" do "mal" ou do "bem", que, na maioria das vezes, são frutos das interpretações humanas. O Evangelho do Cristo, sublime roteiro de aprendizado, responde aos mais amplos questionamentos dos seres em evolução e permanece como o "verbo" do Cristo Cósmico e de Deus na Terra. Os evangelistas, "apontadores" das palavras do Cristo-Jesus, devem ser interpretados para responder aos anseios espirituais de maneira totalmente desvinculada das diversas doutrinas e religiões dos homens, pois assim originalmente procedia Jesus. Busquem as palavras do Evangelho para se elucidarem em suas perquirições: "Nisto lhe disse João: Mestre, vimos um homem que em teu nome expulsava os demônios, e lho proibimos, porque não vai convosco. Respondeu-lhes Jesus: Não lho proibais; porque quem realiza obras poderosas em meu nome não pode dizer mal de mim. Quem não é contra vós é por vós. Quem vos der de beber um copo d'água em meu nome, por serdes do Cristo, em verdade eu vos digo que não ficará sem recompensa" (Marcos, 9:38-41).

Logo, podem concluir que o Cristo-Jesus estará presente em todos os locais, mentes, doutrinas, religiões, filosofias, instituições as mais diversas, onde é saciada a sede espiritual dos aflitos e sofredores em seu nome, e as obras realizadas não podem significar o mal, pois são provindas do inesgotável manancial crístico que palpita no Cosmo por meio da Grande Fraternidade Branca Universal. A evolução de cada um só pode ser prejudicada se continuarem dando valia aos preconceitos dos homens, tão preocupados que são com as coisas comezinhas da vida que se esquecem do amor que unifica todas as criaturas e que independe de credos, raças, doutrinas ou religiões da Terra.

Pergunta: Por que as pessoas que trabalham na Umbanda, quando saem, veem suas vidas "andarem para trás"?

Ramatís: Essa situação não tem relação com a Umbanda. Os médiuns em geral, quando deixam de praticar a mediunidade e não se encontram totalmente moralizados e evangelizados, ao deixarem de ter o contato com os fluidos balsâmicos que o trabalho mediúnico caridoso e socorrista habitualmente propicia, e continuando a ser médiuns, estão com as portas do intercâmbio abertas para o Plano Astral, ocasião em que acabam caindo nas "mãos" dos adversários de outrora, vampirizadores e desocupados do Além-túmulo. Nenhuma religião ou doutrina pode impor ao homem a condição de sua vida "andar" para frente ou para trás, visto que cabe a cada cidadão a sua colheita, alvissareira ou não; e o aprendizado que lhe servirá de ensino e lição é decorrente unicamente da semeadura dos seus atos e de suas atitudes, uma vez que as leis que regem a harmonia cósmica são iguais para todos.

Pergunta: Se o preto velho fuma cachimbo e o caboclo fuma charuto, não são espíritos atrasados?

Ramatís: O cachimbo do pai velho ou o fumo do cacique não têm relação com o estado evolutivo dessas entidades. Muitos mentores elevados da mesa kardecista, doutores da lei ou médicos laboriosos encontram-se a dar consulta como humilde e desconhecido caboclo ou preto velho, realizando "mandinga" com as emanações etéreas da manipulação do fogo que o braseiro do charuto ou cachimbo oferece, desmanchando miasmas, placas e fluidos deletérios que estão "grudados" nos campos energéticos dos consulentes.

Pergunta: Por que os médiuns umbandistas têm que dar farofa para os exus?

Ramatís: Quem disse que médium "umbandista" tem que dar farofa para exu? Verifiquem o ritualismo e as exigências de oferendas em sua casa. Todo pedido impositivo deve passar por criteriosa análise, tendo por base o discernimento dos verdadeiros Guias e Protetores que laboram sob a égide da Umbanda em solo pátrio. A maior oferenda para o Além é o amor e a possibilidade de evolução a todos. Os verdadeiros pretos velhos, caboclos e exus nada impõem de descabido que não seja aceito pela razão.

Pergunta: O médium umbandista poderá fazer o "transporte"[1] das entidades obsessoras sem dar a "passagem"? É possível que uma determinada entidade atue sem a necessidade de fazer as "puxadas", que impõem aos aparelhos mediúnicos grande exaustão? Como poderia ser o processo de desobsessão sem o uso de um terceiro médium de passagem ou de manifestação?

Ramatís: Não é o médium que faz o "transporte", e sim os caboclos, cavalarianos e demais entidades das falanges que dão apoio a esses trabalhos. No mais das vezes, as entidades são "puxadas" do Umbral Inferior, já que os trabalhos especiais de "passagem"

---

[1] Nota do autor: as chamadas "puxadas" na Umbanda referem-se aos resgates de espíritos sofredores no Umbral Inferior. O "transporte" seria o deslocamento dessas entidades até o grupo mediúnico. A "passagem" é a manifestação ou o contato fluídico nos médiuns dessas entidades resgatadas. Posteriormente se completa o "transporte" por meio de seus deslocamentos para os hospitais do Astral sob a responsabilidade das falanges espirituais umbandistas, geralmente ficando esses irmãos em tratamento pelo grande agrupamento do Oriente: "médicos", de uma maneira geral, hindus, persas, etíopes, árabes e chineses. Alterando-se as palavras e a sonoridade já nos pode causar espanto e incompreensão, mas o significado das atividades espirituais que esses termos de Umbanda, estranhos para outros labores espiritualistas, retratam não tem diferença para a Espiritualidade nas diversas frentes abertas do mediunismo que alenta, socorre e ampara em nome de palavras universais e crísticas de solidariedade e tolerância fraterna, verdadeiramente insubstituíveis em todas as doutrinas, religiões e crenças que conhecemos na Terra, que são: o amor, o perdão e a caridade.

na Umbanda referem-se a desmanchos de assédios tenebrosos de organizações malévolas que se utilizam de magia negativa para obsediar os encarnados invigilantes. De outra feita, são desfeitos os despachos encomendados nos terreiros que se utilizam de rituais com derramamento de sangue. A outra forma de auxílio a essas entidades que o médium pode realizar é na gira de caridade. É durante o passe do caboclo ou preto velho que esses irmãos sofredores são desimantados e encaminhados para os hospitais do Astral. Geralmente, as "puxadas" são levadas a efeito quando se impõe o choque anímico fluídico propiciado pelo equipo físico e pelo corpo etéreo do medianeiro, que exalam abundante ectoplasma curador. Quando não há necessidade desse "contato" mais denso, os Guias e Protetores trabalham com o aparelho mediúnico em desdobramento astral durante o sono físico, sendo que, na maioria das vezes, os médiuns não têm rememoração posterior dessas incursões, pois ficariam sobremaneira exauridos mentalmente quando da volta ao invólucro carnal, fato que prejudicaria a maioria na vida profana.

Pergunta: Por que os médiuns ficam esgotados depois de terem feito várias "passagens"? Não há um limite para trabalhar com esse recurso? Alguns médiuns ficam muito debilitados depois de terem "trazido" tantas cargas energéticas densas.

Ramatís: Os médiuns ficam excessivamente debilitados e exauridos quando a corrente vibratória não está completamente firmada ou há um excesso de atendimentos para o número de obreiros disponíveis. É comum os "cavalos" de Umbanda sentirem-se cansados após os trabalhos, já que são grandes doadores de ectoplasma e lidam com as comunidades "materializadas" do Astral Inferior. Todo excesso deve passar pelo crivo da razão e do bom senso dos diretores encarnados. Deve-se ter hora certa para início e término dos atendimentos, sendo a disciplina e a moral as delineadoras do amparo que se fará presente ou ausente do "lado de cá".

Pergunta: A aceitação da magia e a consideração de que a feitiçaria existe e "pega" são consistentes com a boa saúde mental? O que poderia nos dizer sobre as práticas de cura em alguns cultos que aceitam a orientação dos caboclos e pretos velhos, que, por sua vez, se utilizam do magismo dos elementos ligados à natureza para alcançar seus objetivos curadores?

Ramatís: Malgrado as opiniões discordantes, afirmamos que a magia e o feitiço sempre existiram e sempre existirão no Cosmo. O que entendem por magia, milagres, curas são nomes diferentes que, em se tratando de manipulação etéreo-física dos elementos da natureza, quase sempre significam a mesma coisa solidamente regida por leis cósmicas imutáveis. Toda manipulação provém, igualmente, de um mecanismo de sintoma e frequência, de um pensamento que dispara a movimentação dessas energias. Logo, a boa saúde mental independe do misticismo religioso, da magia e dos milagres, mas antes de tudo depende dos bons pensamentos, das intenções que movem cada pessoa em tais desideratos, dos sentimentos e dos atos de amor praticados, em que o Evangelho do Cristo-Jesus deve ser a mola propulsora do equilíbrio existencial. Sendo assim, podem concluir que o mal gera o mal e o bem multiplica o bem, e o dínamo que produz a corrente contínua do bem ou do mal que retornará ao emissor por um efeito de compensação se encontra na casa mental de cada um e independe do que chamam de feitiçaria, de práticas de cura ou da relação com os irmãos espirituais que manipulam essas energias etéreas mais telúricas.

Pergunta: É dito no meio espírita que todos os médiuns têm uma missão e nos levam a crer que deve ser cumprida no Espiritismo. Como ficam os que anseiam conhecer novas trilhas e seguir com um trabalho na mediunidade dita mais universalista?

Ramatís: Todos os médiuns têm uma "missão", que é servir de canal de luz com o Além, auxiliando, assistindo e curando os doentes de todos os matizes, sejam do corpo ou da alma, encarnados e desencarnados. O exercício da mediunidade com o Cristo recomenda isenção quanto aos interesses particularistas, "amar ao próximo como a si mesmo" e perdoar as ofensas não sete vezes, mas incondicionalmente setenta vezes sete, já que o verdadeiro perdão não impõe condições. A moral elevada, o amor interiorizado e a boa vontade do medianeiro independem de quaisquer doutrinas dos homens, sendo que os postulados crísticos contidos no Evangelho de Jesus são sublimes orientações disponíveis para todos os médiuns da Terra.

O Espiritismo é a doutrina que mais "fala" de forma direta ao coração sedento de esclarecimento, adequando-se perfeitamente às exigências da razão e ao despertamento às coisas ocultas dos homens hodiernos. Indubitavelmente, a maior parte das almas do orbe terrícola o desconhecem, pois provêm de outras doutrinas, como o Hinduísmo, o Catolicismo, o Budismo, o Judaísmo, entre tantas outras, e inegavelmente a humanidade continua evoluindo sem o conhecimento espírita nessas populações. Sendo assim, preocupem-se menos quanto ao local e à denominação da doutrina em que estão a exercitar o sentimento amoroso que arrebata seu coração no exercício dos "dons" que os tornam a ponte viva com o "lado de cá". A continuidade de sua missão e a caminhada independem de local e de uma doutrina que prevaleça sobre as demais, e os bons espíritos estão em todos os ambientes onde estejam presentes o amor e a caridade desinteressada. Exercitem sua mediunidade em localidades que satisfaçam seus anseios espirituais e que estejam de acordo com todos os conhecimentos que adquiriram na atual encarnação.

Pergunta: Os espíritos denominados "sereias", que incorporam na Umbanda, são Elementais?

Ramatís: A manifestação mediúnica na Umbanda por meio da chamada mecânica de "incorporação", que grosseiramente para seu entendimento definiremos como sendo o afastamento do corpo etéreo do médium pela indução do magnetismo da entidade comunicante que se "apropria" dos chacras necessários ao intercâmbio mediúnico, ocorre regularmente nas falanges ligadas às vibrações de Ogum e Xangô, que são as que mais se utilizam desse método e que têm as manifestações mais estrondosas e visíveis aos homens dentro do mediunismo de terreiro, pois tratam-se de personificações de índios guerreiros.

É comum na Umbanda a manipulação das energias elementais, mas não está prevista a "incorporação" dos Espíritos da Natureza, pois há uma disciplina e uma hierarquia rígida no Astral, a qual ordena os trabalhos sob a egrégora umbandista. As formas astrais de comunicação mediúnica são os caboclos, os pretos velhos e as crianças, rigidamente previstos numa espécie de triângulo. O que ocorre é que, no momento dos pontos cantados de Iemanjá, muitos médiuns, em firme sintonia com esses mantras, "entram" nas vibrações próprias das Ondinas e Sereias, ligados às vibrações do elemento água, comportando-se como se estivessem "incorporados", mas tudo ocorre na casa mental, não havendo acoplamento nos vórtices vibratórios do corpo etéreo como na tradicional "incorporação".

Pergunta: Se a disciplina e a hierarquia são rígidas para a manifestação, por que se permite a presença dos chamados exus e por que não se apresentam como pretos velhos, caboclos ou crianças?

Ramatís: É permitida, em trabalhos mais "densos", a "incorporação" de "exus", entidades que nada têm a ver com obsessores e que atuam nas vibrações mais baixas do Umbral Inferior, realizando as varreduras energéticas e desmanchos e preservando o aparelho mediúnico, qual eficaz exaustor de ressonâncias vibratórias que, somatizadas, se tornariam altamente deletérias. Nesses casos, essas intervenções são comandadas pelos pretos velhos ou caboclos da linha vibratória do Orixá, chefes de falange ou legiões que estão conduzindo os trabalhos, pois todas as vibrações dos Orixás têm suas vibrações de exus; e as entidades que atuam nessa vibratória são espécies de soldados que trabalham na frequência vibratória da magia negativa (quimbanda), mas para restabelecer a harmonia, o reequilíbrio cármico e o bem-estar dos consulentes desequilibrados e doentes (princípio do semelhante curando semelhante), e que foram alvo de enfeitiçamentos de mentes malévolas do Além, no mais das vezes em consórcios simbióticos com mandantes encarnados, ambos desrespeitando o livre-arbítrio e o merecimento individual, direito cósmico de todos os cidadãos.

Pergunta: Os espíritos de crianças desencarnadas, quando demoram a reencarnar, continuam com o crescimento do corpo espiritual como seria normal se estivessem encarnadas?

Ramatís: Nos casos em que a criança desencarnada supõe que continua vivendo como encarnada, pode ocorrer a continuidade de "crescimento" no corpo astral, como se encarnado estivesse, assim como acontece com os cabelos e unhas. Essas situações não têm relação direta com o tempo entre uma reencarnação e outra, e sim com a mente, na maioria das vezes, milenar e nada infantil. Essa ocorrência não é "normal"; acontece pela grande plasticidade desse corpo mediador e tem relação com o poder mental da individualidade espiritual em questão, que, em desequilíbrio, estabelece uma forte imposição vibratória que a fará "materializar" no corpo astral aquilo que deseja ardentemente.

Pergunta: Existe algum mal em se receber mensagens mediúnicas psicografadas ou psicofonadas na sua própria casa quando se ora ou se faz meditação?

Ramatís: Quando se encontram em profundo relaxamento e entram em estado meditativo, seu corpo astral encontra-se "projetado" alguns centímetros acima do corpo físico, podendo chegar a grandes distâncias naqueles seres para os quais o desprendimento das coisas materiais é um modo de ser e um estado de consciência.

Nessas ocasiões, o intercâmbio com o "lado de cá" se facilita pela onda mental em que o homem se encontra, havendo um ajustamento de frequência com os espíritos comunicantes. Essa situação sempre ocorreu na humanidade, de forma inconsciente ou consciente, independentemente que se faça uma psicografia ou psicofonia, que nada mais são que formas de exteriorizar essas comunicações recebidas pelos "iniciados" em todos os tempos.

O mecanismo de sintonia e frequência que acompanha o intercâmbio com o Além é resultado dos pensamentos e das intenções que os movem no recebimento das mensagens mediúnicas. Sendo assim, a possibilidade de haver algum mal no ato de psicografar ou psicofonar em sua residência está em vocês, e não nos espíritos do "lado de cá". Repetindo, afirmamos que o dínamo que produz a corrente contínua do bem ou do mal que retornará ao emissor por um efeito de compensação se encontra na casa mental de cada um e independe do local onde exercitam seus "dons". Certo está que se recomenda a disciplina no intercâmbio, de preferência com horário adrede combinado com o Além, moral elevada e amor ao próximo interiorizado. Os hipócritas se mostram santos no dia do passe ou da orientação psicografada no centro, mas, nos demais dias, são ardilosos conquistadores das coisas mundanas.

LEIA TAMBÉM

Reza Forte - A Umbanda com Jesus
Ramatís e Pai Tomé
16x23cm / 160 págs. / ISBN: 978-85-5527-054-3

Em Reza Forte, Ramatís une-se novamente a Pai Tomé para, desta vez, delinear uma abordagem profunda das práticas mágicas populares que escravizam os cidadãos a um sistema de trocas com o Sagrado, fazendo ambos importantes alertas de esclarecimento à luz dos ensinamentos libertadores de Jesus. Ramatís e Pai Tomé ressaltam a atuação constante dos guias espirituais no trabalho de transformação íntima de seus médiuns, que se dá silenciosamente no contato fluídico através da mecânica de incorporação do terreiro; explicam sobre a origem multifacetada da Umbanda, religião genuinamente brasileira com influências indígenas, africanas e europeias; relatam a verdadeira significação dos Orixás, Voduns e Inquices; tecem detalhes sobre o transe ou estado alterado e superior de consciência; retomam as crenças indígenas e seus cultos ancestrais, remanescentes dos rituais de Jurema, Pajelança e Catimbó.

www.legiaopublicacoes.com.br